DAS ISST
BERLIN

MANUELA BLISSE
ROSE MARIE DONHAUSER
UWE LEHMANN

DAS ISST BERLIN

DAS HAUPTSTADT-KOCHBUCH

Mit Fotografien von Nicola Walsh

ALS
WÄR'S
EIN
STÜCK
VON
MIR

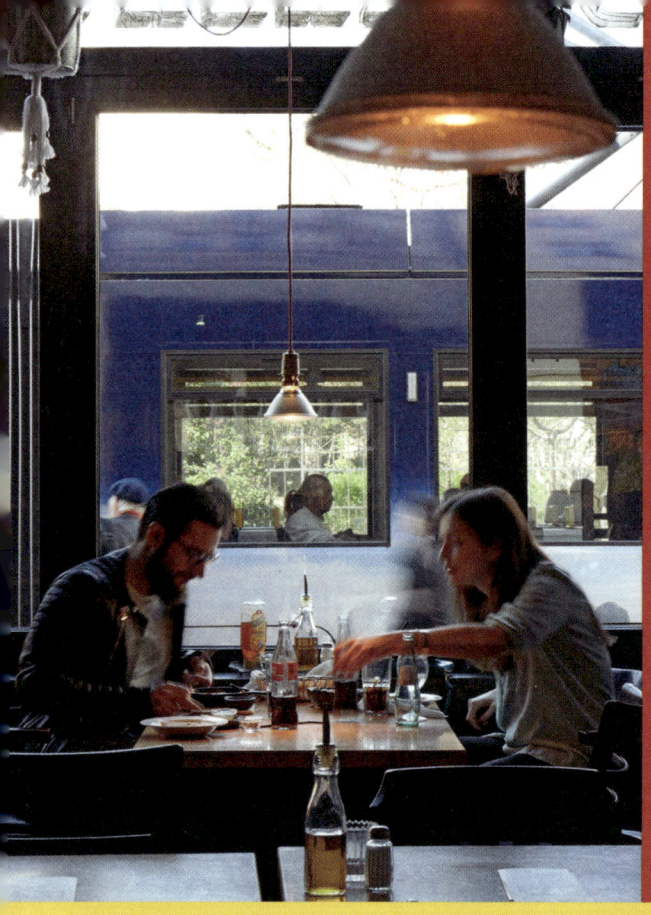

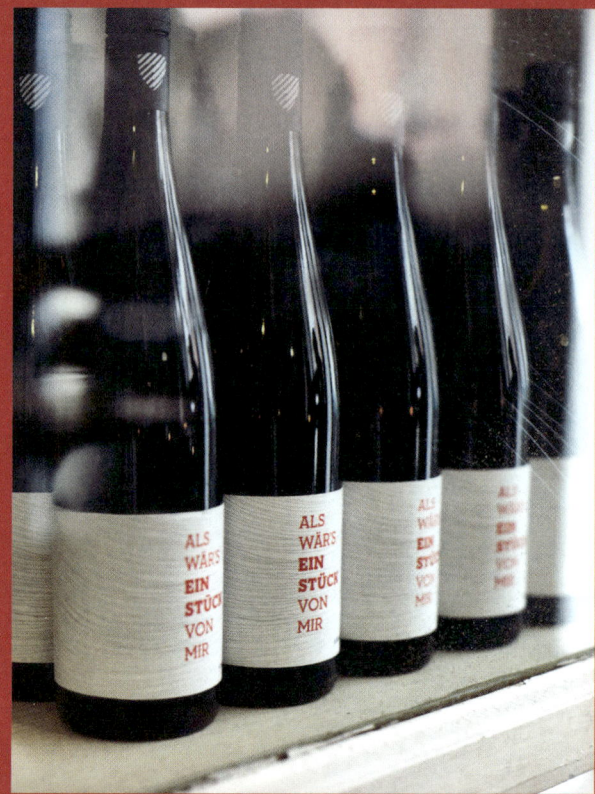

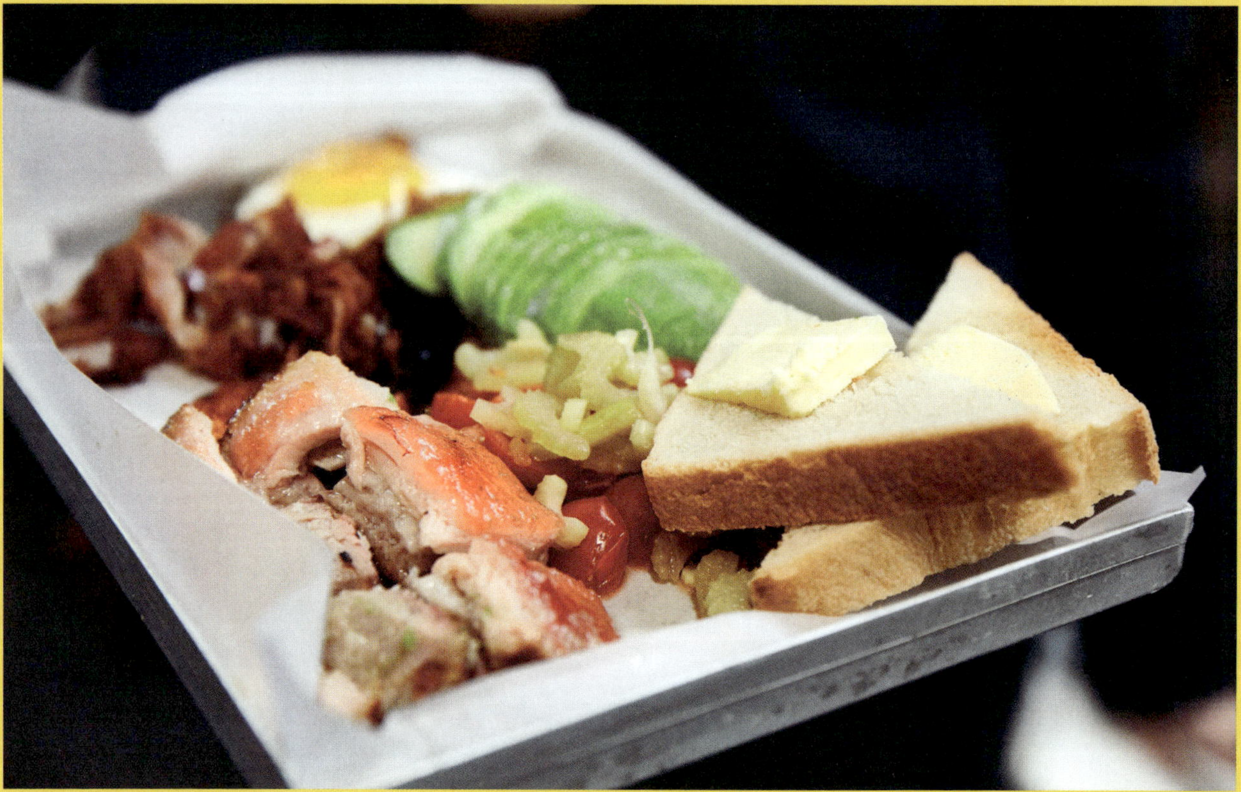

BERLIN ISST SICH SATT
UND GENIESST

Morgens ein paar Eggs Benedict oder einen üppigen Pancake, danach einen veganen Smoothie als kleinen Snack zwischendurch, weiter geht's mit »Hummus Veggie« oder einem Hauptstadtbarsch als leichtem Lunch, für den kleinen Hunger am Nachmittag einen Ramenburger und zum Dinner gratiniertes Eisbein oder ein koreanisches BBQ. Alles geht in der kulinarischen Hauptstadt Deutschlands. Das Frühstück wird zum späten Breakfast, deutsche Klassiker werden modern aufgepeppt, kosmopolitisch Modernes entwickelt sich zu Klassikern.

Die Berliner Küche, einst ein Synonym für deftige Sattmacher, hat sich längst emanzipiert, frei gestrampelt vom miefigen Küchendunst vergangener Zeiten und sich zu einer modernen Weltküche emporgeschwungen. Denn die kulinarische Szene der Stadt mit dem dicken B hat sich inspirieren lassen. Die Bulette bekommt asiatische Variationen zur Seite gestellt und übt den Schulterschluss sogar mit veganen Burgern. Der Gemüse-Döner ist inzwischen genauso Berlin wie das Streetfood Pulled Pork, Falafel längst ein Kreuzberger Traditionsgericht, Hummus der Mitte-Snack schlechthin, Pastrami-Sandwiches sind neben dem Schusterjungen mit Hackepeter keine Exoten mehr.

All dies ist längst Berliner Küche – ständig weiterentwickelt von Kreativen am Herd, die die Stadt magisch anzieht. Gastronomische Quereinsteiger tummeln sich auf den Streetfood-Märkten, internationale Spitzenköche eröffnen Restaurants an der Spree. Unterstützt werden Sterneköche – Berlin ist Sterne-Hauptstadt mit 20 Restaurants und insgesamt 26 Michelinsternen – und junge »Clean eating«-Gastronomen durch ein Heer von engagierten Produzenten in Stadt und Umland. Sie rösten hochwertigen Kaffee, produzieren erstklassige Schokolade, züchten Uckermärker Rinder, Havelländer Apfelschweine oder Müritzlämmer, bauen alte Gemüsesorten an oder halten sich eine Herde Wasserbüffel, um Mozzarella wie in Kampanien herzustellen. Andere brauen ausgefallene Craft-Biere, destillieren Wodka und Gin oder lassen traditionelle Spirituosen wiederaufstehen. Doch ob Craft-Bier, Streetfood, neue Fleischeslust from nose to tail, vegan, Superfood oder »clean eating«: In Berlin sind die kulinarischen Trends nicht nur zu Hause, sondern entwickeln sich ständig weiter.

Manuela Blisse und Uwe Lehmann

BERLIN
WIRD NIEMALS FERTIG

Denke ich an Berlin, so fallen mir tausend Sachen ein: von Tucholsky über die Mauer und den Ku'damm bis hin zum legendären Café Kranzler. Berliner Luft und Eisbein, Marlene Dietrich und Hildegard Knef, das KaDeWe und Kennedy mit seinem legendären Satz »Ich bin ein Berliner«.

Doch was ist ein Berliner, wo doch die einzelnen Stadtteile so viele Einwohner wie eine normale Großstadt haben? Im Prinzip lebt der Berliner in seinem eigenen »Kiez«, aus dem er auch nicht unbedingt raus muss. Die Stadt ist riesengroß, von Süd nach Nord sind es über 50 Kilometer und von Ost nach West sogar noch ein paar Kilometer mehr. Daher ist es nur verständlich, dass unsere Hauptstadt Berlin zwar eine Weltstadt ist, aber der Berliner selbst ein treuer Kreuzberger, Neuköllner oder Lichtenberger. Die Berliner Identität spielt sich im eigenen Bezirk ab: in der Eckkneipe, beim Bäcker zum Quatschen, an der Currywurstbude oder am Dönerstand.

Das kulinarische Berlin ist ein »kunterbuntes Kompott von Importen« – in seiner über 700-jährigen Geschichte haben so einige Nationalitäten ihre Andenken hinterlassen. Doch gerade das macht Berlin zu dem, was es ist: offen, neugierig, herzlich und auch vereinnahmend. Die Stadt »schmeckt« multikulturell. Doch wo Berlin draufsteht, muss nicht unbedingt Berlin drin sein: Der Urberliner ist selten geworden, die Zugezogenen nehmen aber berlinische Kunst, Kultur und Kulinarik sehr ernst.

»Der alte Fritz« – Friedrich der Große – hat den Berlinern mit seinem Spruch »dass jeder nach seiner Façon selig werden solle« den Weg für ihre Liberalität und Weltoffenheit geebnet. Allerdings hat er seine Berliner auch zu Kartoffelessern erzogen … Pellkartoffeln mit Quark und Leinöl oder Bratkartoffeln – dafür lässt der Berliner alles stehen. Ob Hoppel-Poppel oder Falscher Hase, Soleier und Mostrichtunke oder Erbspüree und Grünkohl – er mag es deftig.

»Futtern wie bei Muttern« wird mit Quantität gemessen, das Fleisch hängt über den Tellerrand und Reste werden selbstverständlich mit nach Hause genommen. Sperrzeiten gibt es nicht und so kann 24 Stunden lang an der Imbissbude noch »rin geschaufelt« werden. Der »Broiler« ist typisch, die Essiggurke ein Muss und die Bulette allgegenwärtig. Dazu gibt es die Molle Bier oder eine Weiße mit Schuss. Und dazwischen einen Muckefuck zum Streusel oder zur Schnecke, gekrönt von einem Likörchen.

Ja, Berlin ist eine Reise wert – schon wegen der Berliner Luft, die nach »Milljöh« und Freiheit riecht.

Rose Marie Donhauser

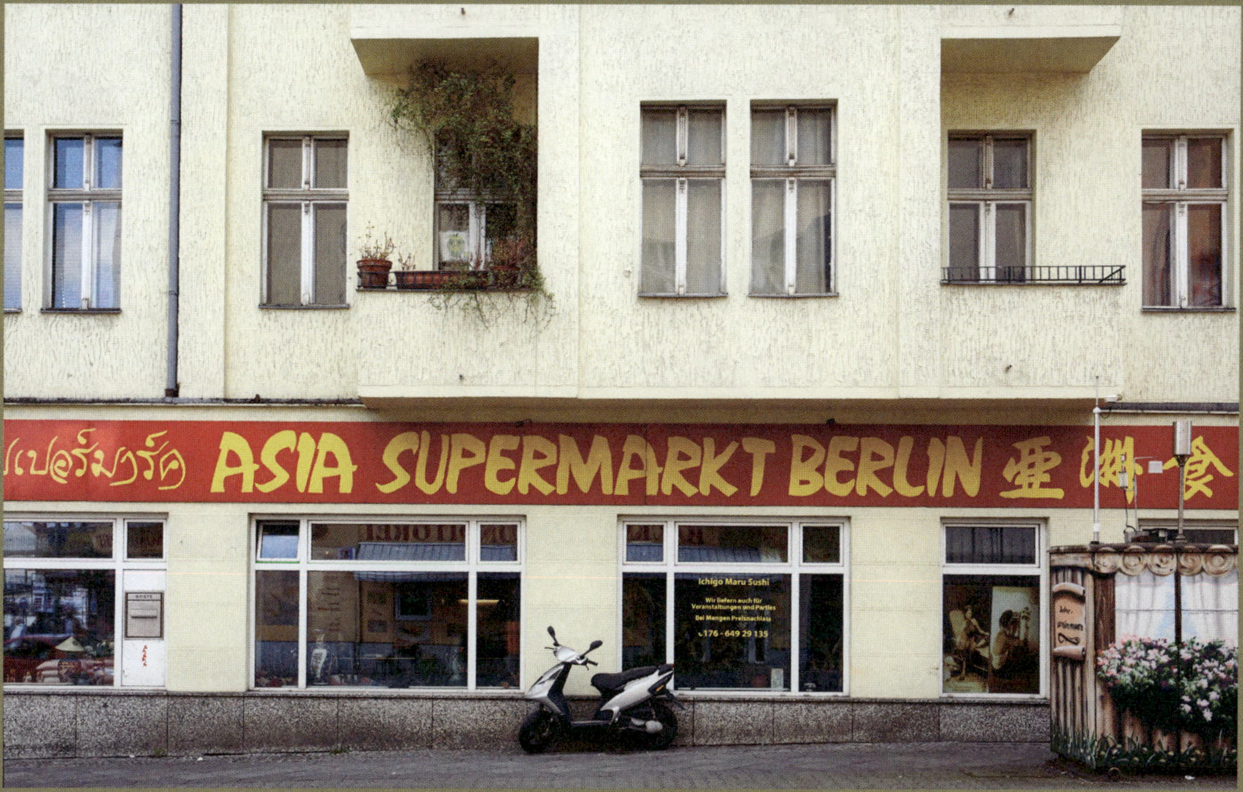
ASIA SUPERMARKT BERLIN
Ichigo Maru Sushi
Wir liefern auch für Veranstaltungen und Parties
Bei Mengen Preisnachlass
176 - 649 29 135

EGGS BENEDICT
mit Ahornsirup karamelisierten BACON mit Wildsalat einem pochierten BIO EI und sauce hollandaise
6€
+ Avocado 1,5€
vegetarisch mit Avocadosmash Wildsalat und einem pochierten BIO EI
6€

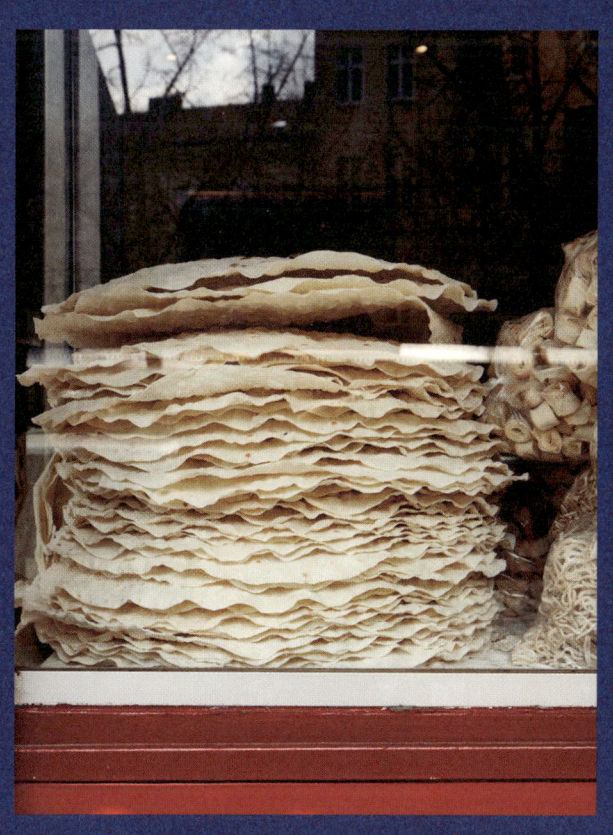

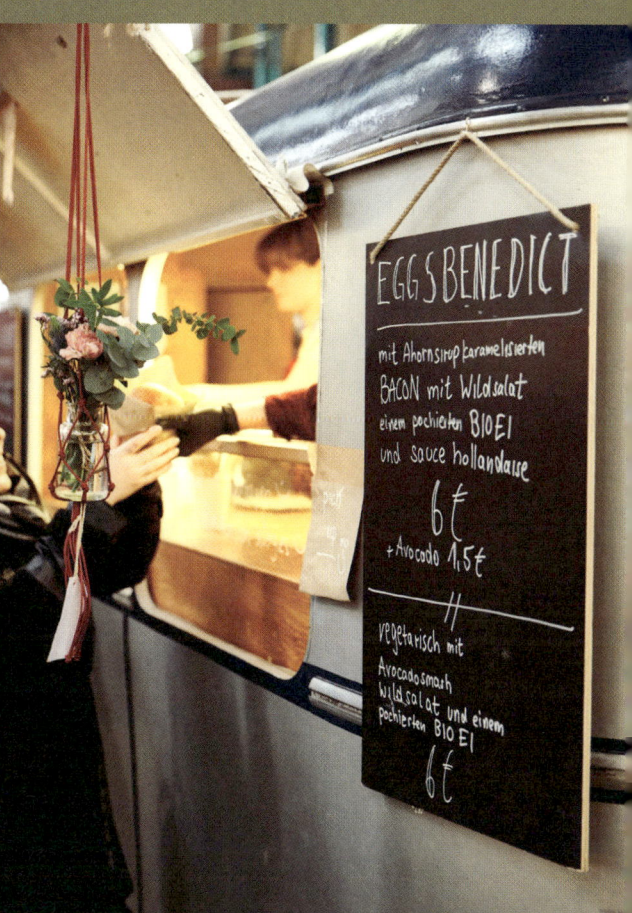

WOCHENEND-
BRUNCH
&
KATER-
FRÜHSTÜCK

GRÜNER SMOOTHIE

ZUTATEN FÜR 1 PERSON
- 1 Handvoll Babyspinat
- ¼ Avocado
- Saft und abgeriebene Schale von ¼ Bio-Zitrone
- 1 Stück Ingwer (1 cm)
- 1–2 Minzestängel (nach Belieben)
- 4–5 Datteln, entsteint
- 3 Eiswürfel
- ½ TL Matcha-Grünteepulver (nach Belieben)

ZUBEREITUNGSZEIT
10 Minuten

Das Restaurant *The Bowl* mit dem Zusatz »Clean eating« – der schlicht nichts anderes bedeutet als den Verzehr von nicht verarbeiteten, natürlichen Lebensmitteln – serviert alle Gerichte hundertprozentig auf Pflanzenbasis. Es befindet sich im 1. Stock über dem veganen Supermarkt *Veganz* in Friedrichshain. Das Essen wird in Bowls, also Schüsseln, serviert, und übergroß ist dort zu lesen: »Die Natur ist unser Guru.«

1
Den Spinat verlesen, waschen und gründlich abtropfen lassen. Die Avocado schälen, das Fruchtfleisch klein schneiden und mit dem Zitronensaft beträufeln. Den Ingwer schälen und hacken. Die Minzeblättchen abzupfen.

2
Die vorbereiteten Zutaten mit Zitronenschale, Datteln und nach Belieben Minzeblättchen zusammen mit Eiswürfeln und 200 ml Wasser in einen Hochleistungsmixer geben.

3
Den Mixer langsam starten, nach Belieben das Matcha-Pulver zugeben und alles auf höchster Stufe zu einem cremigen Drink mixen.

BREAKFAST BOWL

Nicht nur im Restaurant *The Bowl* ist die Schüssel wieder modern. Man findet sie auch auf Frühstückstischen quer durch Berlin.

ZUTATEN FÜR 1 SCHÜSSEL
- 100 g schwarze Quinoa
- Salz
- 2 EL getrocknete Maulbeeren
- 1 EL Birnen- oder Apfeldicksaft
- 1 gelbe oder grüne Kiwi
- 1 Birne
- einige Zitronenmelisseblättchen

ZUBEREITUNGSZEIT
15 Minuten, plus 20 Minuten Kochzeit

1
Die Quinoa in einem Sieb gründlich mit kaltem Wasser waschen, dann mit 250 ml Wasser in einem Topf zum Kochen bringen. Mit 1 Prise Salz würzen und in etwa 20 Minuten gar kochen. Abgießen, abtropfen lassen, in eine Schüssel füllen und mit Frischhaltefolie abgedeckt kühl stellen.

2
Inzwischen die Beeren mit dem Dicksaft beträufeln und einige Minuten einweichen. Die Kiwi schälen, der Länge nach vierteln und in kleine Stücke schneiden. Die Birne waschen, nicht schälen, entkernen und ebenfalls in kleine Stücke schneiden.

3
Die gekühlte Quinoa durchrühren, nach Belieben umfüllen und mit Fruchtstücken und Beeren belegen. Die Zitronenmelisseblättchen waschen, zerzupfen und als Dekoration auflegen.

TIPP
Das nussig schmeckende Gänsefußgewächs Quinoa gibt es weiß, rot und schwarz zu kaufen.

STRAMMER MAX
»ZUM RINHAUEN«

»Ick fall jleich um vor Hunger«: Groß, üppig, die Brotscheiben vom Tellerrand hängend, große Spiegeleier – so lieben es die Berliner. Eben »zum Rinhauen«.

SO SCHMECKT ES AUCH
Aufgepeppt mit kross gebratenen Frühstücksspeckstreifen und einer schnell zubereiteten Gurkenstippe. Dazu 1 EL Petersilienblättchen, 1 geschälte Knoblauchzehe, 150 g klein geschnittene Gewürzgurken, 1 TL mittelscharfen Senf, 1 TL eingelegte Kapern und 1 EL Rapsöl im Mixer grob zerkleinern. Mit Pfeffer, wenig Salz und nach Belieben etwas Cayennepfeffer würzen.

ZUTATEN FÜR 4 PERSONEN
- 4 dicke Scheiben Graubrot
- 2 EL Butter
- 200 g roher Schinken, klein gewürfelt
- 8 Eier
- 1 EL Pflanzenöl
- Salz
- frisch gemahlener Pfeffer

Zum Garnieren
- 1 EL gehackte Petersilie
- 2 Tomaten, in Viertel geschnitten
- Gewürzgurkenscheiben

ZUBEREITUNGSZEIT
20 Minuten

1

Die Brotscheiben mit etwas Butter bestreichen, auf vier Teller verteilen und gleichmäßig mit den Schinkenwürfeln belegen.

2

Die Eier in der restlichen Butter und dem Öl zu Spiegeleiern braten und je 2 auf einer Brotscheibe platzieren. Mit Salz und Pfeffer würzen und mit der Petersilie bestreuen. Mit Tomaten und Gurken garnieren.

ROLLMOPS –
»DU KANNST DIR (T)ROLLEN«

ZUTATEN FÜR 4 PERSONEN
Für den Sud
- 250 ml Weißweinessig
- 2 Lorbeerblätter
- 1 Prise Zucker

Für die Heringe
- 12 Salzheringsfilets (Matjesfilets)
- 1 EL mittelscharfer Senf
- 2 Gewürzgurken
- 1 Zwiebel
- 1 EL eingelegte Kapern
- 1 TL Pfefferkörner

Außerdem
- Holzspieße oder Zahnstocher

ZUBEREITUNGSZEIT
40 Minuten, plus
1 Tag Marinierzeit

Ein typischer Ausdruck der Berliner – »Mops, du kannst dir (t)rollen … schwupp und weg«. Rollmops ist ein typisches Kneipenfutter, das ein Zuviel an Alkohol »aufsaugt«. Für Rollmöpse werden geköpfte, entgrätete und in Salz eingelegte Heringe verwendet.

DAZU PASST
Butterstullen oder Roggenbrötchen schmecken gut dazu.

1

Für den Sud 500 ml Wasser mit Essig, Lorbeerblättern und Zucker in einem Topf aufkochen, dann vollständig auskühlen lassen.

2

Für die Heringe die Salzheringsfilets unter fließendem kaltem Wasser abwaschen, mit Küchenpapier trocken tupfen und einzeln auf die Arbeitsfläche legen. Die Fischfilets dünn mit dem Senf bestreichen. Die Gewürzgurken in schmale Streifen schneiden. Die Zwiebel schälen, halbieren und in feine Streifen schneiden. Die Fischfilets quer damit belegen, dann Kapern und Pfefferkörner darüberstreuen. Die Heringe aufrollen und mit Holzspießen fixieren.

3

Die gerollten und gefüllten Fischfilets in einen Steinguttopf oder ein hohes Glas schichten und mit dem ausgekühlten Sud begießen. Abdecken und mindestens 24 Stunden an einem kühlen Ort marinieren.

HOPPEL-POPPEL – HAPPEN-PAPPEN

Ein sehr wohlschmeckendes Resteessen, das jedoch genauso oft verlangt wird, wenn keine Reste vorhanden sind. Dann nimmt man eben Schinken. Das Pfannengericht aus Fleischresten wird mit Zwiebeln und Kartoffeln angereichert und mit Eiern gemischt.

In Berlin gibt es das »Hoppel-Poppel« auch als Getränk. Dazu 4 Eigelbe mit 3 EL Zucker und 200 g Sahne in einer hitzebeständigen Schüssel über einem heißen Wasserbad cremig aufschlagen. In Punschgläser füllen und mit frisch geriebener Muskatnuss bestäuben.

DAZU PASST
Grünen Salat mit einem würzig abgeschmeckten Dressing aus hellem Essig, Zucker, Pflanzenöl, Salz, Pfeffer und etwas gehacktem Dill dazu servieren.

ZUTATEN FÜR 4 PERSONEN
- 1 große Zwiebel
- 250 g Braten- oder Kochfleischreste
- 2 EL Margarine oder Butter
- 500 g Pellkartoffeln vom Vortag, geschält und in Scheiben geschnitten
- Salz
- frisch gemahlener Pfeffer
- 2 Eier

ZUBEREITUNGSZEIT
25 Minuten

1
Die Zwiebel schälen und halbieren, dann eine Hälfte in Streifen und die andere in kleine Würfel schneiden. Die Fleischreste in feine Streifen schneiden.

2
In zwei Pfannen je 1 EL Margarine erhitzen. In die eine Pfanne Zwiebelwürfel und Fleischreste geben. In der zweiten Pfanne Zwiebelstreifen und Kartoffelscheiben anbraten. Den Inhalt beider Pfannen mit Salz und Pfeffer würzen und knusprig anbraten.

3
Sobald die Kartoffeln rundum braun gebraten sind, diese in die Pfanne mit den Fleischstreifen geben. Aber vorsichtig, die Kartoffeln sollen nicht zerdrückt und matschig werden. Die Eier verquirlen, darübergießen, kurz stocken lassen und alles noch saftig in der Pfanne servieren.

KRÄUTERIGE EIER-KARTOFFELSALAT-SCHRIPPE MIT KAVIAR

Berlin ist ein Paradies für Frühstücker und Bruncher – und das 24 Stunden lang. Und Berlin is(s)t wahrlich nicht nur Stulle, sondern labt sich zu allen Tages- und Nachtzeiten an der internationalen Frühstückstheke.

Beim Brunch zu Hause steht meist eine Schüssel mit Eiern, Kartoffeln oder Nudeln, angemacht mit einer cremigen Mayonnaise als Grundlage, bereit. Aufgepeppt wird das Ganze gerne mit Lachskaviar oder Seehasenrogen und vielen Kräutern zum Verdauen.

ZUTATEN FÜR 1 SCHÜSSEL
- 4 Eier
- 500 g kleine festkochende Kartoffeln
- Salz
- 1 Bund gemischte Kräuter (z.B. Petersilie, Dill, Schnittlauch)
- 1 Gewürzgurke (mit etwa 2 EL Gurkenflüssigkeit)
- 1 TL eingelegte Kapern
- 100 g saure Sahne
- 3 EL Mayonnaise (selbst gemacht oder gekauft)
- frisch gemahlener Pfeffer

Zum Servieren
- 2 Schrippen (Brötchen), halbiert
- 125 g Lachskaviar

ZUBEREITUNGSZEIT
50 Minuten, plus 1 Stunde Ruhezeit

1

Die Eier in etwa 10 Minuten hart kochen. Inzwischen die Kartoffeln waschen und in einem Topf Salzwasser je nach Größe etwa 30 Minuten kochen. Die Pellkartoffeln abkühlen lassen, schälen und in Scheiben schneiden.

2

Während die Kartoffeln kochen, die Kräuter waschen, trocken schütteln und fein hacken. Die Gewürzgurke in kleine Würfel schneiden. Die Kapern nur leicht zerdrücken. Die Eier pellen und nach Belieben durch den Eierschneider drücken oder in Achtel schneiden.

3

Die saure Sahne mit Mayonnaise und Gurkenflüssigkeit glatt rühren. In einer Schüssel Kartoffeln, Eier, Gewürzgurke, Kapern und Kräuter locker vermengen. Zuletzt mit dem Dressing vermischen und mit Salz und Pfeffer würzen. Die Schüssel mit Frischhaltefolie abdecken und den Salat im Kühlschrank mindestens 1 Stunde ziehen lassen.

4

Den Salat abschmecken und einen Teil davon auf den Brötchenhälften verteilen. Mit je 1 Klecks Lachskaviar garnieren. Den restlichen Kaviar und Salat dazu reichen.

GRÜNE BOHNEN MIT SPECK- ODER VEGGIE-STIPPE

ZUTATEN FÜR 4 PERSONEN
(BEILAGE)

- 500 g grüne Bohnen
- Salz
- 1 Zwiebel
- 1 Knoblauchzehe
- 100 g magerer Räucher-speck
- 1 EL Butter
- frisch gemahlener Pfeffer
- 1 TL gehacktes Bohnen-kraut

ZUBEREITUNGSZEIT
30 Minuten

Grüne Bohnen gehören zur Berliner Küche wie Kartoffeln und Linsen. Meist allerdings werden die schlanken Bohnen bei der Zubereitung zu sehr »angefettet« und schreien sozusagen nach etwas Milde für die Verdauung in Form von Bohnenkraut. Zum Stippen gibt es Berliner Landbrot mit einer gemaserten, bemehlten Kruste und kräftigem Geschmack, gebacken als Roggenmischbrot.

Wer zum Brunch gerne fleischlos »stippt«, für den gibt es eine gemüsige Variante à la Multikulti mit Harissa.

VARIANTE: VEGGIE-STIPPE

In einer Pfanne 2 EL Olivenöl erhitzen und darin Zwiebel- und Knoblauchwürfel andünsten. Die Bohnen hinzufügen und 2–3 Minuten kräftig mitbraten. Etwa 250 g stückige Tomaten (aus der Dose) einrühren und den Pfanneninhalt etwa 10 Minuten schmoren lassen. Mit Salz, Pfeffer, 1 Prise gemahlenem Kreuzkümmel und 1 Msp. Harissa würzen. Nach dem Schmoren abschmecken und eventuell 1 Prise Zucker hinzufügen. Mit Fladenbrot stippen. Vorsicht beim Würzen mit der scharfen nordafrikanischen Chilipaste Harissa!

1

Die Bohnen putzen, waschen und in siedend heißes Salzwasser geben. In etwa 10 Minuten bissfest garen, abgießen und mit kaltem Wasser abschrecken. Gut abtropfen lassen und dabei einige Esslöffel Kochwasser auffangen.

2

Zwiebel und Knoblauch schälen und fein würfeln. Den Speck in kleine Würfel schneiden. Die Butter in einer beschichteten Pfanne zerlassen und darin Zwiebel-, Knoblauch- und Speckwürfel anbraten.

3

Die Bohnen hinzufügen, alles durchschwenken und dabei mit Salz, Pfeffer und Bohnenkraut würzen. Den Pfanneninhalt mit etwas Bohnenkochwasser beträufeln und in einer Schüssel servieren.

BLINIS MIT RÄUCHERLACHS UND SCHMAND

Russische Küche kann man in Berlin in Restaurants wie *Pasternak, Samowar* oder *Potemkin* (er)schmecken. Ob Pelmeni, Bœuf Stroganoff oder Blinis – Kaviar und Wodka sind dazu stets präsent. Der gerührte Teig für die Blintschikis schmeckt noch besser, wenn Buchweizen, Mehl und Hefe abgedeckt wurden und an einem warmen Ort einen Ruhetag eingelegt haben.

1

In einer Schüssel Buchweizen- und Weizenmehl mischen. Die Hefe in der Milch auflösen und über die Mehlmischung gießen. Sahne, Eigelbe und Butter untermischen. Die Schüssel abdecken und den Teig an einem warmen Ort mindestens 30 Minuten ruhen lassen.

TIPP

Die gebackenen Blinis im Ofen warm halten, bis der Teig aufgebraucht ist.

2

Die Eiweiße mit 1 Prise Salz steif schlagen und unter den Teig heben. In eine kleine beschichtete Pfanne eine Kelle Teig gießen, mit Schwenkbewegungen verteilen und leicht anbacken lassen. Wenden und auch die andere Seite goldgelb backen. Mit dem restlichen Teig ebenso verfahren.

3

Auf vier große Teller je zwei Blinis legen. Darauf je 1 Klecks Schmand geben, mit etwas Dill bestreuen und mit den Räucherlachsstreifen garnieren. Nach Belieben Kaviar und eisgekühlten Wodka dazu servieren.

ZUTATEN FÜR 4 PERSONEN
- 150 g Buchweizenmehl
- 100 g Weizenmehl
- ½ Hefewürfel (etwa 20 g)
- 150 ml lauwarme Milch
- 200 g Sahne
- 2 Eier, getrennt
- 50 g Butter, zerlassen
- Salz

Zum Servieren
- 1 Becher Schmand (200 g)
- 1 EL gehackter Dill
- 150 g Räucherlachs, in feine Streifen geschnitten
- Kaviar und eiskalter Wodka (nach Belieben)

ZUBEREITUNGSZEIT
35 Minuten, plus mindestens 30 Minuten Ruhezeit

OSTALGIE-RAGOUT-FIN – WÜRZFLEISCH MIT WORCESTERSAUCE

ZUTATEN FÜR 4 PERSONEN
- ½ Bund Suppengemüse (Möhre, Sellerie, Lauch)
- 1 kleine Zwiebel
- 500 g mageres Schweinefleisch
- 2–3 Pimentkörner
- 2–3 Pfefferkörner
- 1 Lorbeerblatt
- 1 Gewürznelke
- 2 EL Butter
- 1 EL Mehl
- 100 ml trockener Weißwein
- Salz
- frisch gemahlener Pfeffer
- etwas Zitronensaft
- ein paar Tropfen Worcestersauce
- etwa 50 g geraspelter Käse (am besten Gouda)

Zum Servieren
- Toastecken
- Bio-Zitronenscheiben
- Worcestersauce

ZUBEREITUNGSZEIT
2 Stunden 10 Minuten

Das französische Ragout fin wird mit Kalbfleisch zubereitet. In der DDR war auch für Transitreisende an den Autobahnraststätten ein überbackenes Würzfleisch – die billigere Variante – zu bestellen, welches mit gekochtem Schweinefleisch zubereitet wurde. Auch heute wird es noch in speziellen Restaurants aus (n)ostalgischen Gründen serviert – mit Käse überbacken und mit Zitronensaft beträufelt. Und nicht mit »Wustersauce« gewürzt, sondern mit »Wortschestersauce«.

SO SCHMECKT ES AUCH
Das Ragout mit frischen Champignons und Spargelstücken bereichern und mit gehackter Petersilie verfeinern.

1

Das Suppengemüse putzen, waschen, schälen und in kleine Würfel schneiden. Die Zwiebel mit Schale vierteln. Das Fleischstück kalt abwaschen und mit dem vorbereiteten Gemüse in einen Topf geben. Die Gewürze zugeben und alles mit etwa 1,5 l kaltem Wasser begießen. Nach dem Aufkochen den entstandenen Schaum auf der Oberfläche mit einem Schaumlöffel entfernen und das Fleisch bei mittlerer Hitze in etwa 1 Stunde gar ziehen lassen.

2

Das Fleisch aus dem Topf nehmen, gut auskühlen lassen und erst dann in 0,5–1 cm große Würfel schneiden. Den Kochsud durch ein Sieb gießen. Den Backofen auf 180 °C vorheizen. In einem breiten Topf unter Rühren Butter und Mehl zu einer hellen Mehlschwitze verarbeiten. Nach und nach mit etwa 500 ml der Brühe und Wein aufgießen und cremig rühren.

3

Die Fleischwürfel unter die weiße Sauce ziehen, mit Salz, Pfeffer, Zitronensaft und Worcestersauce würzen und in vier ofenfeste Förmchen füllen. Mit dem Käse bestreuen und im heißen Backofen auf mittlerer Schiene in etwa 8 Minuten knusprig überbacken.

4

Die Würzfleischportionen in den Förmchen auf großen Tellern servieren und die Tellerränder mit Toastecken und Zitronenscheiben garnieren. Das Gericht wird meist gelöffelt. Am Tisch sollte die Worcestersauce griffbereit stehen.

»KREUZKÖLLNER« MENEMEN MIT PUL BIBER UND SCHAFSKÄSE

<u>ZUTATEN FÜR 4 PERSONEN</u>
Für die Minzpaste
- 1 Bund Minze
- 2 Knoblauchzehen
- Saft von ½ Zitrone
- 50 g geschälte Mandeln
- 100 ml Pflanzenöl
- Salz
- frisch gemahlener Pfeffer

Für die Gemüse-Ei-Pfanne
- 1 große Zwiebel
- 300 g aromatische Tomaten
- 2 grüne Spitzpaprikaschoten
- 150 g Schafskäse oder Feta
- 2-3 EL Pflanzenöl
- Salz
- frisch gemahlener Pfeffer
- ½ TL Pul Biber (türk. Paprikagewürz)
- 6 Eier

Zum Garnieren
- gehackte Petersilie (nach Belieben)

<u>ZUBEREITUNGSZEIT</u>
30 Minuten

Angrenzend an das Kreuzberger Maybachufer und noch im Bezirk Neukölln, wird gerne von Kreuzkölln gesprochen. Ob nun in türkischen Läden in Kreuzberg oder in Neukölln – es gilt, die türkische Antwort auf das Berliner Hoppel-Poppel zu probieren. Das Frühstücksgericht wurde nach der türkischen Stadt Menemen benannt. Am besten die Pfanne auf den Tisch stellen und für jeden eine Gabel bereithalten – oder einfach mit einem Stück Fladenbrot etwas herausfischen.

<u>SO SCHMECKT ES AUCH</u>
Zusätzlich etwas von der türkischen Knoblauchwurst Sucuk klein schneiden und mit den Zwiebeln anbraten.

<u>1</u>
Für die Minzpaste die Minze waschen, trocken schütteln und die Blättchen abzupfen. Den Knoblauch schälen. Minze, Knoblauch, Zitronensaft und Mandeln im Mixer zu einer homogenen Paste zerkleinern und dabei das Öl langsam zugießen. Die Paste mit Salz und Pfeffer würzen.

<u>2</u>
Für die Gemüse-Ei-Pfanne die Zwiebel schälen, halbieren und in feine Streifen schneiden. Die Tomaten am Stielansatz einritzen, blanchieren, häuten, entkernen und in kleine Stücke schneiden. Die Paprikaschoten waschen, längs halbieren, entkernen und in schmale Streifen schneiden. Den Käse in kleine Stücke schneiden, brechen oder grob zerbröseln.

<u>3</u>
Das Öl in einer großen Pfanne erhitzen und darin Zwiebel- und Paprikastreifen einige Minuten anbraten. Die Tomatenstücke hinzufügen, alles mit Salz, Pfeffer und Pul Biber würzen und einige Minuten dünsten.

<u>4</u>
Die Eier aufschlagen, verquirlen und in die Pfanne gießen. Sofort den Käse darübergeben. Die Eier sollen nur kurz stocken, damit das Gericht schön saftig serviert werden kann. Die Minzpaste auf den Tisch stellen, sodass sich jeder bedienen kann. Die Gemüse-Ei-Pfanne nach Belieben mit der Petersilie bestreuen.

ZUCCHINIBLÜTEN AUS DEM SCHREBERGARTEN

»Sono berlinese«, sagt Pino Bianco von der *Trattoria a' Muntagnola*. Seit 1991 betreibt er sein italienisches Restaurant in Schöneberg mit Spezialitäten aus seiner Heimat, der Basilikata, und dazu holt er viele frische Zutaten saisonal aus seinem Schrebergarten in Tempelhof. Berlin ist bekannt für seine Kleingartenkolonien, die in sämtlichen Stadtteilen zu finden sind.

DAZU PASST
Mit Tomatensalat, mit frischen (Schreber-)Gartenkräutern verfeinert servieren.

ZUTATEN FÜR 4 PERSONEN
- 1 EL Olivenöl
- 20 Zucchiniblüten
- 150 g trockenes Weißbrot
- 125 g Thunfisch im eigenen Saft (aus der Dose)
- 5 aromatische Tomaten
- 10 schwarze Oliven, entkernt
- 150 g Parmesan, fein gerieben
- 1 EL eingelegte Kapern
- 1 Ei
- Salz
- frisch gemahlener Pfeffer
- 50 g weiche Butter

ZUBEREITUNGSZEIT
40 Minuten

1

Den Backofen auf 180 °C vorheizen und eine große, hitzebeständige Form mit dem Öl einpinseln. Die Zucchiniblüten vorsichtig säubern, damit sie nicht kaputtgehen. Das Weißbrot sehr klein würfeln. Den Thunfisch abtropfen lassen und grob zerpflücken.

2

Die Tomaten waschen, von den Stielansätzen befreien und klein würfeln. Die Oliven klein schneiden. In einer Schüssel Weißbrot, Thunfisch, Tomaten, Oliven, 100 g Parmesan und Kapern kräftig mit dem Ei mischen. Mit Salz und Pfeffer würzen.

3

Die Masse mithilfe eines Teelöffels in die geöffneten Blüten füllen, diese durch Drehen verschließen und in die Form legen. Auf jede gefüllte Blüte etwas Parmesan streuen und die Butter in Flöckchen daraufsetzen. Die Form auf mittlerer Schiene in den Backofen schieben und die gefüllten Zucchiniblüten 10–15 Minuten backen.

TIPP

Frischer Thunfisch ist natürlich besser. Diesen kurz grillen oder in der Pfanne braten, leicht zerpflücken und mit den anderen Zutaten vermischen.

FRÜH-
STÜCK
UND
BRUNCH

BEACH

BREAKFAST APÉRO!

Aperol spritz 5.
Hugo 5.
Mimosa 4,5.
(FRESH O.J. + SPARKLING WINE)
Kir Royal 4,5.
Bloody Mary 6.

BERLIN HAT EINE
GANZ EIGENE
FRÜHSTÜCKSKULTUR

Außerhalb zu frühstücken ist wichtig in Berlin. Frühstück an der Spree, das sind Schrippe und Stulle, Latte und Espresso, Käse und Schabefleisch, Eggs Benedict und Pfannkuchen, à la carte oder Büfett – das Ganze sieben Tage die Woche und zu (fast) jeder Tages- und Nachtzeit.

»Schrippe« ist *das* Wort beim (Alt-)Berliner Frühstück. Schnoddrig ausgesprochen »Schrüppe«, beweist man so der altgedienten Bäckereifachverkäuferin sein Insiderwissen. Eine Schrippe und eine Tasse Kaffee, das steht für das traditionelle Berliner Frühstücksglück. Das Brötchen oder die Semmel, so die Nicht-Berliner Namen, wird dabei in zwei Hälften verzehrt, und die sind gut belegt. Mit Hackepeter und Zwiebeln, Leberwurst, Käse oder, für die Süßmäuler, mit Marmelade. In Cafés, Kneipen-Restaurants und Fleischereien wird so in den Tag gestartet. Es sei denn, man gehört zur Fraktion »Süße Teilchen« oder steht auf Espresso und Hörnchen im Stehen, Baguette auf die Hand oder einen maritimen, fischigen Morgenstart auf der *Capt'n Schillow* – dem Charlottenburger Restaurantschiff.

den belegten Schrippen die Stullen, das andere Berliner Unikum, das einem belegten Brot entspricht und das man neu interpretiert und kaum besser als in dem charmanten Manufaktur-Café *Die Stulle* am Charlottenburger Savignyplatz bekommt. Brot spielt in Deutschland eine immense Rolle, und das ist auch in Berlin nicht anders. Zur neuen Generation der Bäckereien gehören Adressen wie *SoLuna* in Kreuzberg oder *Beumer & Lutum* mit mehreren Läden in der Innenstadt. Wahrscheinlich aber werden insgesamt in der Hauptstadt morgens mehr Currywürste und Döner verspeist als alles andere. Doch jedem das Seine: Wurst für die einen, Müsli für die anderen, Kaffee versus Tee, veganer Brotaufstrich kontra Fast-Food-Burger. Smoothies sind fast schon Standard im neuen Berlin und immer präsenter wird Superfood à la Chiasamen und Quinoa, das in Foodshop-Cafés wie dem *Daluma* in der Nähe des Rosenthaler Platzes oder den vegan-vegetarischen Berliner *goodies*-Läden morgens auf dem Speiseplan steht.

Parallel hat sich eine lässigere Frühstückskultur entwickelt, die viel damit zu tun hat, dass es in Berlin keine Sperrstunde gab und gibt. In den 1980er-Jahren verdrehten »Eiweißschock« (gepimpter Quark mit Früchten) und aus Frankreich übergeschwappter Milchkaffee der ausgehfreudigen Westberliner Jugend den Kopf. Dazu die Möglichkeit, bis spät nachmittags im Café frühstücken zu können und in Läden wie dem *Schwarzen Café* am Charlottenburger Savignyplatz sogar rund um die Uhr. Da findet sich auch die Berliner Flaneurkultur der 1920er-Jahre – man hat Zeit, sitzt im Café, liest Zeitung, schwadroniert und parliert, genießt die Stadt und das Leben.

Frühstücksregeln gibt es längst nicht mehr: Uhrzeitunabhängiges »Breakfast around the world« ist der neue Standard. Vom späten Frühstück war es nur ein kleiner Schritt zum Brunch, mehr amerikanisch, denn von der heimischen Küche inspiriert. Heimisch, das sind neben

Wenn es aber zum Frühstücken vor die Tür geht, dann soll auch immer öfter eine ordentliche Grundlage geschaffen werden. Von Australien und den USA herübergeschwappt, hat die Hingabe zu üppigen Eierspeisen wie Eggs Benedict mit Sauce hollandaise, zu Omeletts und Pancakes am Morgen beziehungsweise Mittag inzwischen auch in Berlin Fuß gefasst. Der Leidenschaft für Cholesterin lässt sich bestens in der *Melbourne Canteen* oder dem *CA.B.Slam – The California Breakfast Slam* in Neukölln oder im *Nalu Diner* in Prenzlauer Berg frönen. Dabei muss jedoch die Qualität stimmen: Eier von möglichst glücklichen Hühnern, Brot nach alter Handwerkstradition und die Schrippen knusprig und nicht pappig.

VON HACKEPETER-
SCHRIPPE ÜBER EGGS
BENEDICT BIS ZUM
VEGANEN SMOOTHIE

AVOCADO-EGG-BENEDICT
»DELUXE«

Seit Januar 2015 kocht Manuel Schmuck als kreativer Küchenchef im Restaurant *Martha's* in Berlin-Schöneberg. Er kochte von Bayern, Österreich und Toronto über New York bis nach Berlin, zuletzt im Zwei-Sterne-Restaurant *reinstoff*. Er spielt zu gerne mit ständig neuen Ideen, Omas Rezepturen und orientalischen Gewürzen.

Dieses Gericht besteht aus vier Komponenten (Brioche, Nussbutter-Hollandaise, pochierten Eiern und Schwarzwälder-Schinken-Avocado), die man nacheinander zubereiten kann. Dazu passen mit Olivenöl, Basilikum und Fleur de sel marinierte Tomatenscheiben.

1

Für die Gewürzreduktion den Wein in einen Topf geben und auf 20 ml reduzieren. Gewürze und Aromaten zugeben und 20 Minuten ziehen lassen, bis etwa 25 g Reduktion entstanden sind. Durch ein feines Sieb passieren.

2

Für die Hollandaise Eigelb und Gewürzreduktion in einer hitzebeständigen Schüssel über einem Wasserbad schaumig schlagen. Die Nussbutter nach und nach einrühren. Weiterschlagen und darauf achten, dass die Masse nicht zu heiß wird.

3

Für die Eier jedes Ei in eine Tasse schlagen. Wasser in einem Topf mit dem Essig aufkochen. Den Topf vom Herd nehmen, mit einem Schneebesen in einer Richtung kräftig rühren, sodass ein starker Strudel entsteht. Das Rühren einstellen, 1 Ei in den Topf geben. Nach etwa 2 Minuten herausnehmen und in leicht gesalzenem,

lauwarmem Wasser aufbewahren. Mit dem übrigen Ei wie beschrieben fortfahren.

4

Für die Schinken-Avocado die Avocados halbieren, schälen und den Kern entfernen. Die Mulde des Kerns so aushöhlen, dass je 1 Ei hineinpasst. Die Avocadohälften leicht salzen und mit den Zitronenzesten würzen.

5

Je 1 pochiertes Ei in eine Avocadohälfte geben und die andere Hälfte daraufsetzen. Die gefüllte Avocado mit dem Schinken umwickeln und in etwas Öl rundum anbraten. In der gleichen Pfanne die Briochescheiben in etwas Butter goldbraun braten.

6

Die gebratene Brioche auf Teller legen, die Schinken-Avocados daraufsetzen und mit der Nussbutter-Hollandaise übergießen.

ZUTATEN FÜR 2 PERSONEN

Für die Gewürzreduktion
- 100 ml Weißwein
- 1 Thymianzweig
- 3 Pfefferkörner
- 3 Korianderkörner
- 1 TL Worcestersauce
- 1 TL Zitronensaft
- 2 Spritzer Tabasco
- 1 Prise Salz
- 1 Prise Zucker

Für die Nussbutter-Hollandaise
- 5 g Eigelb
- Gewürzreduktion (s. o.)
- 35 g lauwarme Nussbutter (hell gebräunte Butter)

Für die pochierten Eier
- 2 Eier (Größe S)
- 1 EL Kräuteressig
- Salz

Für die Schwarzwälder-Schinken-Avocado
- 2 essreife Avocados
- Salz
- 1 TL Bio-Zitronenzesten, sehr fein gehackt
- 10 Scheiben Schwarzwälder Schinken, hauchdünn geschnitten
- Pflanzenöl
- 2 Scheiben Brioche
- Butter zum

ZUBEREITUNGSZEIT
1 Stunde 10 Minuten

STREUSELKUCHEN VON GERLINDE

ZUTATEN FÜR 1 BLECH
Für den Teig
- 500 g Mehl, plus etwas mehr für die Arbeitsfläche
- ½ Hefewürfel (etwa 20 g)
- 50 g Zucker
- 250 ml lauwarme Milch
- 80 g weiche Butter
- 2 Eier
- Salz

Für die Streusel
- 200 g Mehl
- 200 g Zucker
- ½ TL gemahlener Zimt
- 150 g kalte Butterwürfel

Zum Servieren
- 200 g Sahne, geschlagen

ZUBEREITUNGSZEIT
50 Minuten, plus
1 Stunde Ruhezeit

Streusel gehen dem Berliner über alles – wobei es ursprünglich ein schlesisches Mitbringsel ist. Nach neuesten Backerkenntnissen werden die Streusel noch knuspriger, wenn unter die Streuselmasse etwas Honig gearbeitet wird. Früher wurde der feinere »Sonntagsstreusel« unter Zugabe von 50 g gehackten Mandeln zubereitet.

1
Für den Teig das Mehl in eine Schüssel sieben und in die Mitte eine Mulde drücken. Die Hefe hineinbröckeln, mit dem Zucker bestreuen und mit der Milch begießen. Mit etwas Mehl vom Rand bestäuben und die Butter in Flöckchen rundherum legen. Die Schüssel abdecken und den Vorteig an einem warmen Ort etwa 30 Minuten gehen lassen.

2
Den Vorteig mit Eiern und Salz zu einem geschmeidigen Teig verkneten, auf einer bemehlten Arbeitsfläche in Backblechgröße ausrollen und auf ein mit Backpapier ausgelegtes Backblech geben. Die Ränder nach oben ziehen und den Teig an einem warmen Ort nochmals 30 Minuten gehen lassen. Den Backofen auf 200 °C vorheizen.

3
Für die Streusel Mehl, Zucker, Zimt und Butter auf der Arbeitsfläche kräftig miteinander verkneten und mit den Händen gleichmäßig zu Streuseln verarbeiten. Diese auf der Teigfläche verteilen.

4
Das Backblech auf mittlerer Schiene in den heißen Backofen schieben und den Streuselkuchen in etwa 30 Minuten goldgelb backen. Herausnehmen, kurz abkühlen lassen und in Stücke schneiden. Dazu die geschlagene Sahne reichen.

KREUZBERGER WEINCREME

Am und rund um den Kreuzberg (natürliche Erhebung mit 66 Metern) wurden in den 1970er-Jahren Rebstöcke angepflanzt. Heutzutage gibt es von der Ernte jährlich etwa 700 Flaschen im Verkauf. Doch auch in anderen Ecken Berlins ranken Weinreben, momentan sind es etwa 1500 Rebstöcke. An der Nordkurve des Stadions in Wilmersdorf stehen über 100 Rebstöcke mit den Sorten Riesling und Ehrenfelser. Gut, Berlin hat sich als Weinstadt noch nicht so richtig hervorgetan, aber in dieser Creme schmeckt der »Kreuz-Neroberger« dufte.

FÜR 8 KLEINE DESSERT-SCHALEN
- 6 Blätter weiße Gelatine
- 4 Eier, getrennt
- 250 g Sahne
- 100 g Zucker
- 250 ml Kreuzberger Weißwein, plus etwas mehr zum Beträufeln

Zum Garnieren
- 1 Apfel (am besten aus einem Neuköllner oder Brixer Garten)
- Puderzucker
- gemahlener Zimt

ZUBEREITUNGSZEIT
30 Minuten, plus 6 Stunden Kühlzeit

1

Die Gelatineblätter in ein wenig kaltem Wasser einweichen. Die Eiweiße zu steifem Schnee schlagen und bis zum Gebrauch in den Kühlschrank stellen. Die Sahne steif schlagen und ebenfalls in den Kühlschrank stellen.

2

Die Eigelbe mit dem Zucker in einer hitzebeständigen Schüssel über einem heißen Wasserbad cremig aufschlagen. Dabei nach und nach den Wein zugießen. Die luftige Creme vom Wasserbad nehmen und kurz kalt schlagen.

3

Die Gelatine ausdrücken, in eine Schöpfkelle geben und diese zu einem Drittel in das heiße Wasser eintauchen, sodass sich die Gelatine auflöst, aber kein Wasser in die Schöpfkelle gelangt. Diese dann schnell unter die Eicreme rühren.

4

Nach und nach kalten Eischnee und Sahne unter die Creme heben. Die Creme in acht kleine Dessertschalen füllen, mit Frischhaltefolie abdecken und für mindestens 6 Stunden in den Kühlschrank stellen.

5

Zum Garnieren den Apfel waschen, trocken reiben, in dünne Spalten schneiden und mit etwas Wein beträufeln, damit sich das Fruchtfleisch nicht verfärbt. Die Apfelspalten auf den Cremes verteilen und mit einer Mischung aus Puderzucker und Zimt bestäuben.

HACKEPETER AUF SCHRIPPE UND SCHABEFLEISCH

ZUTATEN FÜR 4 PERSONEN

Für den Hackepeter
- 500 g gut durchwachsenes Schweinefleisch (Nacken oder Keule)
- 3 Zwiebeln
- Salz
- frisch gemahlener Pfeffer
- etwas gehackte Petersilie zum Bestreuen

Für das Schabefleisch
- 500 g durchgedrehtes Rindfleisch (Filet, Hüfte oder Roastbeef)
- 4 Eigelb
- 8 in Salz eingelegte Sardellenfilets
- 2 EL eingelegte Kapern
- 1 Zwiebel, gewürfelt
- 8 Gewürzgurken, klein gewürfelt

Zum Servieren
- 4 Schrippen (Brötchen)
- Salz
- frisch gemahlener Pfeffer
- edelsüßes Paprikapulver
- Kümmelsamen
- Worcestersauce

ZUBEREITUNGSZEIT
35 Minuten

In Berlin gibt es bei jedem Fleischer und in gut sortierten Supermärkten mit Frischetheke Hackepeter und Schabefleisch fertig zu kaufen. Aber nicht nur das, auch »auf der Schrippe« zum Mitnehmen findet man es überall.

Das durch den Fleischwolf gedrehte rohe Fleisch für Schabefleisch wird gegenüber dem Hackepeter aufgrund der Fleischqualität bei den Berlinern eher als »vornehm« angesehen.

SO GEHT'S AUCH
Das Anrichten von »Schweinemett-Igeln« ist sehr beliebt. Dazu die Fleischportionen des Hackepeters zu Igeln formen und mit Zwiebelstückchen spicken.

DAZU PASST
Am besten Roggenbrötchen und Schrippen zum Schabefleisch reichen.

1

Für den Hackepeter das Schweinefleisch durch die grobe Scheibe des Fleischwolfes drehen. Die Zwiebeln schälen und fein würfeln, zwei Drittel beiseitestellen. Den Rest mit dem Fleisch vermengen und kräftig würzen.

2

Die Brötchen halbieren und mit dem Schweinehack bestreichen. Nach Geschmack mit den beiseitegestellten Zwiebeln und der Petersilie bestreuen.

3

Für das Schabefleisch die Hände mit kaltem Wasser befeuchten und das Fleisch zu vier »Buletten« formen. Auf Tellern anrichten und je eine Vertiefung hineindrücken. Die Eigelbe in die Mulden setzen und mit je 2 Sardellen belegen.

4

Die Schabefleischportionen rundherum mit Kapern, Zwiebel- und Gewürzgurkenwürfeln garnieren.

5

Die Gewürze griffbereit auf den Tisch stellen, sodass sich jeder nach Belieben selbst bedienen kann.

TIPP

Rohes Fleisch muss frisch verzehrt werden; das restliche Fleisch braten und beispielsweise für eine Hackfleischsauce verwenden.

STREET-FOOD

STULLEN & BELACH

ZUTATEN FÜR 2 STULLEN
MIT EI UND BRANDENBURGER
MOZARELLA
- 2 dicke Scheiben
  Roggenmischbrot
  (Berliner Brot)
- 1 TL Butter
- 1 TL Remoulade
  (selbst gemacht oder
  gekauft)
- 1 Ei, gekocht
- Salz
- frisch gemahlener
  Pfeffer
- 1 TL Schnittlauch-
  röllchen
- 1 TL grünes Pesto
  (selbst gemacht oder
  gekauft)
- 100 g Büffelmozzarella
  (am besten aus Kremmen
  in Brandenburg)
- 1 kleine Tomate
- etwas Rucola
- einige Tropfen Olivenöl

ZUBEREITUNGSZEIT
10 Minuten

In der *Joseph-Roth-Diele* in Kreuzberg wird eine ganze Latte an »Dielenstullen«, zum Beispiel die klassische Butterstulle, eine Blutwurst- oder Leberwurst-, Ei- oder Mozzarellastulle, angeboten.

Historisch gesehen hat Berlin nicht nur einmal gehungert – so ist auch die tiefe Liebe zum Butterbrot beziehungsweise zur Butterstulle zu erklären. Es gibt sogar jährlich einen eigenen Tag zu Ehren des Butterbrotes. Die Butterstulle wurde im »Janzen«, also nicht durchgeschnitten verzehrt. Erst mit der Zeit gab es die »Beamten-Schiebewurst«: Am Rande der Butterstulle lag eine kleine Scheibe Wurst. Die wurde dann bei jedem Biss ein bisschen zurückgeschoben, damit man auch ordentlich etwas davon hatte. Erst beim letzten Bissen aß man das letzte Wursteckchen mit.

»Stulle« bedeutet heutzutage immer eine Brotscheibe mit dickem Belag, am liebsten mit gekochten Eischeiben, Schinken, Käse und / oder Wurst. Unter »Klappstulle« versteht man einen ordentlichen Belag zwischen zwei Butterbrotscheiben. Und auch hier kommt wieder der herzerfrischende Berliner Humor durch, denn wie sagt man so schön: »Wennde pampich wirst, denn nehm ick dir uff de Stulle und denne wirste mitjefressen als Belach.«

1

Die erste Scheibe Brot zuerst mit der Butter, dann mit der Remoulade bestreichen. Das Ei pellen, durch den Eierschneider drücken und die bestrichene Brotscheibe damit belegen. Mit Salz und Pfeffer würzen und mit den Schnittlauchröllchen bestreuen.

2

Die zweite Brotscheibe mit dem Pesto bestreichen. Den Mozzarella in Scheibchen schneiden. Die Tomate waschen und ebenfalls in Scheiben schneiden. Beides abwechselnd auf dem Brot anrichten. Mit Salz und Pfeffer würzen. Den Rucola waschen, grob hacken und darüberstreuen. Mit dem Öl beträufelt servieren.

CURRYWURST UND FRITTEN

ZUTATEN FÜR 4 PERSONEN
- 4 Bratwürste (mit oder ohne Darm), gegrillt oder gebraten
- reichlich Tomaten- oder Curryketchup
- 500 g kross frittierte Pommes frites
- Currypulver nach Geschmack
- Meersalz

ZUBEREITUNGSZEIT
20 Minuten

»Mit oder ohne Darm?« – so lautet eine wichtige Frage an der Currywurstbude. Das ist allerdings reine Geschmackssache, denn mit Darm schmecken sie knackiger und ohne Darm weicher. *Konnopke´s Imbiss* in Prenzlauer Berg oder *Curry 36* in Kreuzberg haben es dank der Currywursterfinderin Herta Heuwer, ehemalige Besitzerin einer Imbissbude Ecke Kantstraße / Kaiser-Friedrich-Straße, zu kulinarischer Berühmtheit gebracht.

Am 4. September 1949 servierte Frau Heuwer gebratene Brühwurst mit Darm und einer Sauce aus Tomatenmark, Currypulver, Worcestersauce und einigen geheimen Ingredienzien. Heute erinnert eine Gedenktafel am ehemaligen Standort an Frau Heuwer. Zweifelsohne hat die Currywurst rasant die allzeit beliebte Bockwurst der Nachkriegsjahre abgelöst. Seit einigen Jahren gibt es in Berlin sogar ein »Deutsches Currywurstmuseum«.

1
Die Bratwürste auf Teller legen, in Scheiben schneiden und löffelweise mit Ketchup überziehen.

2
Rundherum die Pommes frites verteilen und alles mit Currypulver bestäuben und mit Meersalz bestreuen.

TIPP

Selbst gemachte Fritten schmecken noch besser! Dazu etwa 800 g mehligkochende Kartoffeln waschen, schälen und in Stifte schneiden. 1 l Pflanzenöl in einem Topf oder in einer Fritteuse auf 180 °C erhitzen. Die Kartoffelstifte portionsweise in das heiße Fett geben und goldgelb frittieren. Mit Salz und nach Belieben etwas Currypulver bestreuen und vermengen.

BROILER MIT WEISSKOHLSALAT

Berlin, und das kennt mit Sicherheit jeder, der dort wohnt, riecht immer irgendwie nach Essen – überwiegend nach Grill und Fritteuse. Foodtruck hier, Imbiss dort, Späti überall, Backshops, »Futterkisten«, Currywurst-buden und Grillstationen. Schnell bekommt man bei dem Duft Lust auf ein Hähnchen vom Grill. Im Westen war's immer das Grillhähnchen, im Osten der Broiler.

Ein gegrilltes Hähnchen vom Flammenwandgrill nimmt man schnell mal mit, zu Hause allerdings gibt es dann doch häufiger Hähnchenschenkel aus dem Backofen.

ZUTATEN FÜR 4 PERSONEN
Für den Salat
- 1 kleiner Weißkohl
- Salz
- 1 Zwiebel
- 1 TL Kümmelsamen
- 1 kräftige Prise Zucker
- frisch gemahlener Pfeffer
- 3-4 EL Pflanzenöl
- 1 EL heller Essig

Für das Hähnchen
- 2 EL Pflanzenöl
- 4 Schalotten
- 2 Thymianzweige
- 8 Hähnchenschenkel
- Salz
- frisch gemahlener Pfeffer
- edelsüßes Paprikapulver

ZUBEREITUNGSZEIT
1 Stunde, plus
2 Stunden Ruhezeit

1

Für den Salat den Weißkohl put-zen, vierteln, vom Strunk befreien und auf dem Gemüsehobel in fei-ne Streifen schneiden. Diese in eine Schüssel geben und mit Salz bestreuen. Mit den Händen kräftig durchkneten, damit der Kohl durch das Salz geschmeidiger wird und Saft abgibt.

2

Die Zwiebel schälen und auf dem Gemüsehobel ebenfalls fein schneiden. Mit Weißkohlstreifen, Kümmel, Zucker, Pfeffer, Öl und Essig gründlich vermengen. Mit Frischhaltefolie abdecken und mindestens 2 Stunden zie-hen lassen.

3

Für das Hähnchen den Backofen auf 180 °C vorheizen und eine Auflaufform mit dem Öl auspin-seln. Die Schalotten schälen, vierteln und in der Form verteilen. Den Thymian waschen, trocknen und ebenfalls hineinlegen.

4

Die Hähnchenschenkel waschen und mit Küchenpapier trocken tupfen. Mit Salz, Pfeffer und Pap-rikapulver würzen. In die Auf-laufform legen und im heißen Ofen etwa 35 Minuten garen.

5

Während der Garzeit die Häh-nchenschenkel mehrmals wenden und mit einer Gabel einstechen, damit die Flüssigkeit austreten kann. Außerdem mit etwas Brat-flüssigkeit vom Boden der Form begießen.

6

Die Hähnchenschenkel mit dem Weißkohlsalat servieren.

MIE-NUDELN MIT GEMÜSE UND SCHWEINEFLEISCH IN DER BOX

Fast Food auf Chinesisch. Im Vorbeigehen eine Box mitnehmen und irgendwo ein lauschiges Plätzchen suchen – das macht nicht nur der Berliner, sondern das machen auch die zahlreichen Touristen, die ganzjährig die Stadt bevölkern.

ZUTATEN FÜR 4 PERSONEN
- 250 g Mie-Nudeln (chinesische Weizennudeln)
- Salz
- 250 g Pak Choi
- 4 Frühlingszwiebeln
- 1 kleine rote Chilischote
- 250 g mageres Schweinefleisch (Schnitzelfleisch)
- 100 ml Gemüsebrühe
- 1 EL flüssiger Honig
- 3 EL helle Sojasauce
- 2 EL Pflanzenöl
- frisch gemahlener Pfeffer

ZUBEREITUNGSZEIT
30 Minuten

1

Die Nudeln nach Packungsangabe in kochend heißem Salzwasser bissfest garen. Inzwischen den Pak Choi längs halbieren, zwischen den Blattschichten waschen, trocken schleudern und quer in etwa 1 cm breite Streifen schneiden.

2

Die gegarten Nudeln in ein Sieb gießen und abtropfen lassen. Die Frühlingszwiebeln putzen und in feine Ringe schneiden. Die Chilischote waschen, entkernen und in kleine Würfel schneiden. Das Schweinefleisch in sehr kleine Würfel schneiden.

3

Die Brühe mit Honig und Sojasauce verrühren. Das Öl im Wok oder in einer großen Pfanne mit hohem Rand erhitzen. Frühlingszwiebeln und Chiliwürfel kurz darin anbraten und sofort die Fleischwürfel hinzufügen. Von allen Seiten kräftig braten und zuletzt den Pak Choi dazugeben. Unter vorsichtigem Rühren 3–4 Minuten braten. Mit Salz und Pfeffer würzen.

4

Den Wok- oder Pfanneninhalt mit der Würzbrühe beträufeln und nach 1 Minute die Nudeln unterheben. Das Ganze abschmecken und auf Papp- oder Lunchboxen verteilen. Das Gericht mit Stäbchen servieren.

TIPP

In der chinesischen Küche wird oft »zweimal gegartes« Fleisch angeboten. Das heißt, dass das Fleisch zuvor gekocht und erst dann im Wok mit den anderen Zutaten gebraten wird. Zu Hause bedeutet das, auch Bratenreste vom Sonntag sind willkommen.

PULLED PORK MIT PAPAYASALAT, ZITRONENGRAS-MAYONNAISE UND MANGO-CHILI-CHUTNEY

ZUTATEN FÜR 4 PERSONEN
Für das Fleisch
- 800 g Schweinenacken
- 50 g Koriandergrün, gehackt
- 50 g Thai-Basilikum, gehackt
- Meersalz und Rauchsalz
- frisch gemahlener Pfeffer

Für das Chutney
- 1 Thai-Mango
- 2 Schalotten
- 1 EL Olivenöl
- 1 EL heller Balsamico-Essig
- 1 TL Gelierzucker
- 1 kleine Chilischote, fein gehackt

Für den Salat
- 2 Papayas
- Saft von 1 Limette
- 1 Korianderstängel, gehackt
- 1 EL Fischsauce (am besten Squid)

Für die Mayonnaise
- 1 Zitronengrasstängel
- 1 EL Weißweinessig
- 2 Eigelb
- ½ TL scharfer Senf
- 50 ml Erdnussöl
- 1 Tropfen Worcestersauce

ZUBEREITUNGSZEIT
1 ¼ Stunden, plus
24 Stunden Niedrig-
garzeit

Spitzenkoch Markus Semmler hat für sein Gourmetrestaurant *Markus Semmler* in Wilmersdorf einen Michelinstern erhalten. Ihn zu beschreiben, ist nicht einfach, aber am besten drückt es ein Zitat von Restaurantkritiker Bernd Matthies aus: »Markus Semmler ist einer der raren Instinktköche Deutschlands, und selbst wenn er wollte, könnte er nicht schlecht kochen.«

Markus Semmler selbst sagt dazu: »Wir versuchen jeden Tag, mit bestmöglicher Ware eine handwerklich perfekte Zubereitung zu bieten. Die klassische französische Handwerkskunst versuchen wir kreativ und modern zu präsentieren, ohne dabei unseren Weg zu verlieren. Ob wir dies richtig machen, können nur unsere Gäste entscheiden, denn für sie stehen ich, unsere Köche und der Service jeden Tag voller Freude im Restaurant.«

1

Für das Fleisch den Schweinenacken mit Koriander, Basilikum und Gewürzen einreiben. Fest in mindestens 10 Lagen Frischhaltefolie wickeln, sodass das Fleisch gut verschlossen ist. Im Backofen bei 85 °C 24 Stunden garen.

2

Für das Chutney die Mango schälen, entsteinen und fein würfeln. Die Schalotten schälen und ebenfalls würfeln. Beides kurz im Öl andünsten und mit dem Essig ablöschen. Zucker und Chili hinzufügen, salzen und etwa 3 Minuten sanft köcheln lassen.

3

Für den Salat die Papayas schälen, in sehr feine Streifen schneiden und mit Limettensaft, Koriander, Fischsauce, Meersalz und Pfeffer würzen.

4

Für die Mayonnaise das Zitronengras fein schneiden (vorher die harten äußeren Blätter entfernen) und in einen Topf mit dem Essig und so viel Wasser geben, dass alles bedeckt ist. Bei mittlerer Hitze leicht reduzieren und dann durch ein Sieb passieren. 2–3 EL des Zitronengrasessigs mit Eigelben und Senf verrühren. Das Öl langsam unterschlagen und mit Salz, Pfeffer und Worcestersauce würzen.

5

Das Fleisch aus der Folie wickeln, abtupfen und auf dem Grill oder unter dem Backofengrill etwa 45 Minuten weitergaren, damit es eine schöne Kruste bekommt. Dann die einzelnen Fasern auseinanderzupfen, mit grobem Meersalz würzen und mit Papayasalat, Zitronengras-Mayonnaise und Mango-Chili-Chutney anrichten.

BERLIN STREET-FOOD

der Markthalle. Dabei findet Streetfood in größerem Rahmen hierzulande kaum im öffentlichen Raum statt – dafür gibt es gar keine Genehmigung –, als vielmehr auf privatem Gelände. Ausnahmen sind Veranstaltungen wie der »Berlinale Street Food Markt« während der Internationalen Filmfestspiele. Oder authentisch auf der Thaiwiese im Preußenpark, wo im Sommer Thailänder, Philippiner und Vietnamesen asiatische Gerichte garen und verkaufen – aber das wird vom Ordnungsamt bestenfalls geduldet.

Von Anfang an war beim »Street Food Thursday«, auf dem derzeit regelmäßig etwa 45 Anbieter vertreten sind, oder beim »Street Food auf Achse« in der Berliner *KulturBrauerei* internationale kulinarische Vielfalt am Start. Von Pulled Pork, dem legitimen Bulettennachfolger und einem der Streetfood-

Streetfood ist nicht wirklich neu. Schon immer gab es die kleine, schnelle, warme Mahlzeit auf der Straße zum Essen im Stehen oder im Gehen. Von jeher war weltweit das Essen auf Märkten und Plätzen Alltag. Bereits im Mittelalter wurden in Deutschland Rostbratwürste auf der Straße verkauft. Auf den orientalischen Basaren waren Garküchen präsent. Von Neapel aus trat im 18. Jahrhundert die Pizza, der Auf-die-Hand-Klassiker schlechthin, ihren Siegeszug an. In Berlin waren es zuerst Bockwurst und Bulette, später Currywurst und Döner, die auf der Straße verzehrt wurden.

Vor allem in Südostasien gehören Essstationen auf der Straße bis heute zur Lebenskultur. Oft aus der Not heraus geboren, da man keine eigene Küche besaß, ging man zum Essen nach draußen. Die Garküchenbetreiber wiederum konnten sich in der Regel kein eigenes Lokal leisten. Als westlicher Trend eroberte Streetfood als Erstes die multikulturellen Metropolen wie New York und London. Dort kann man Ethnofood aus allen Teilen der Welt genießen. Es lag nahe, dass die deutsche Streetfood-Bewegung in der kulinarischen Hauptstadt Berlin ihren Anfang nimmt. »Der ›Street Food Thursday‹ in der *Markthalle Neun* in Kreuzberg war die erste Veranstaltung dieser Art überhaupt in Deutschland«, erzählt Nikolaus Driessen, einer der Betreiber

> VON CURRYWURST
> ÜBER FALAFEL
> BIS PULLED PORK

Klassiker schlechthin, über nigeriani-
sches FuFu, Bánh mì, Pastrami, peru-
anisches Ceviche, Burger in allen Variationen und Kimchi bis hin zu Dumplings
und Burritos reicht die Palette. Essen
sehen viele der Protagonisten auch als
Ansatz zur Verständigung zwischen den
Kulturen. Das Angebot ist dabei immer
differenzierter und hochwertiger geworden. Der Trend geht einher mit einem
neuen Essbewusstsein, mit dem Wunsch
nach gesunden, nachhaltig produzierten,
regionalen Produkten. Und der immer po-
pulärer werdende Hang zu vegetarischer
und veganer Ernährung zeigt sich auch
beim Streetfood. Ausschlaggebend sind
die Authentizität, die Originalität und
vor allem die Qualität.

Viele der ehemaligen gastronomischen
Quereinsteiger haben sich zunehmend pro-
fessionalisiert. Sie ziehen mit Food-
trucks durch Deutschland oder haben
Restaurants gegründet. So verkaufen die
Ahrens-Brüder von *Hirsch & Eber* ihre
mit Wild aus Brandenburger Wäldern produzierten Wildburger inzwischen auch
im gleichnamigen Restaurant in Prenzlauer Berg. Und sie waren nicht die Ersten, die in der Kollwitzstraße sesshaft
wurden. Lauren Lee, geboren in Seoul,

STREETFOOD IST IN BERLIN RESTAURANT-FÄHIG GEWORDEN

aufgewachsen in den USA und Kanada, ist mit ihren Kimchi-Burgern, Kimchi-Quesadillas und Kimchi-Tacos, die sie im Restaurant *Fräulein Kimchi kocht!* serviert, eine Berliner Streetfood-Legende. Anh Vu Dang zog mit seinen Bao-Burger-Kreationen über die Streetfood-Märkte Europas, bis er das *Bun Bao* eröffnete. Bei seiner asiatischen Spezialität trifft ein gedämpftes Hefebrötchen auf Gemüse, Koriander, asiatische Gewürze, Erdnüsse und Sesam sowie Rind- und Schweinefleisch oder Thunfisch und Garnelen. Und auch die Märkte entwickeln sich. Die *Markthalle Neun* diversifiziert das Thema »Markt« kulinarisch immer weiter und lädt etwa zu Wurst & Bier, zum Heinzel Cheese Talk, zum Berliner Naschmarkt mit den Süßigkeiten der Stadt oder zum Breakfast Market, dem sonntäglichen Streetfood-Frühstück, ein.

VEGGIE-SUSHI AM STIEL

Auch das allseits beliebte Sushi ist modischen Trends unterworfen und wird schon häufig – wie in New York – als Sushi-Pops »to go« angeboten. Bei der Füllung sind der Fantasie keine Grenzen gesetzt. Probieren Sie auch mal: gebeizten oder geräucherten Lachs, Avocado und Karotten, Frischkäse und Salatgurke.

1

Den Reis in einem Sieb kalt abspülen und abtropfen lassen. Zusammen mit 500 ml kaltem Wasser in einen Topf geben und aufkochen. Etwa 2 Minuten weiterkochen, dann die Hitze stark reduzieren. Den Topf mit einem Deckel verschließen und den Reis 10 Minuten ausquellen lassen.

2

Den Topf vom Herd ziehen und den Reis abkühlen lassen. Den Essig mit Zucker und Salz in einem kleinen Topf unter Rühren aufkochen und abkühlen lassen. Inzwischen den Koriander waschen, trocken schütteln, die Blättchen abzupfen und fein hacken. Den Essigsud mit dem kalten Reis vermengen.

3

Je 1 Nori-Blatt auf eine Sushi-Rollmatte legen. Hauchdünn mit der Wasabi-Paste bestreichen und den Reis etwa 0,5 cm dick daraufstreichen. Dabei 1 cm Rand frei lassen. Den Tofu in Scheiben schneiden und auf der Reisschicht verteilen. Mit Sesam und Koriander bestreuen. Die Matte leicht anheben und die Sushis zügig fest aufrollen.

4

Die Ränder der Sushi-Rollen glatt abschneiden und jede Rolle in sechs Stücke schneiden. Jedes Sushi-Stück so auf einen Spieß stecken, dass die Nori-Blätter durchstochen werden.

FÜR 24 STÜCK
- 300 g japanischer Sushi-Reis
- 2 EL Reisessig
- 1 EL Zucker
- 1 TL Salz
- 1 kleines Bund Koriandergrün
- 4 Nori-Blätter
- 1 kleine Tube Wasabi-Paste (etwa 40 g)
- 100 g Räuchertofu
- 1 EL Sesamsamen, geröstet

Außerdem
- Sushi-Rollmatten
- 24 Holz- oder Bambusspieße

ZUBEREITUNGSZEIT
1 Stunde 10 Minuten

QUERBEET-WRAP –
AUS DER HAND IN DEN MUND

ZUTATEN FÜR 2 FLEISCH-
UND 2 VEGGIE-WRAPS

- 150 g Feta
- 150 g Frischkäse
- 1 EL Ajvar (türk. Paprikawürzpaste)
- ½ EL Sambal Oelek
- 1 kleines Bund Rucola
- 4 Blätter Chinakohl
- 2 Möhren
- 150 g Mais (aus der Dose)
- 4 weiche Tortilla-Fladen
- 200 g Hähnchenbrustfilet, gebraten und in dünne Scheiben geschnitten
- Salz
- frisch gemahlener Pfeffer

ZUBEREITUNGSZEIT
20 Minuten

In diese fertig gekauften Weizenmehlfladen lässt sich alles einwickeln, also »wrappen«, was die hungrige Berliner Szene eben mal gerne mitnimmt. Mit einer kräftigen »Schmiere«, viel Salat und ein bisschen Hähnchenfleisch kommt man gut durch die Nacht.

1

Den Feta in eine Schüssel bröseln und mithilfe eines Stabmixers mit Frischkäse, Ajvar und Sambal Oelek zu einer homogenen Creme verarbeiten.

2

Rucola und Chinakohl waschen, in kleine Stücke schneiden und mischen. Die Möhren schälen und raspeln. Den Mais abtropfen lassen.

3

Die Tortilla-Fladen nach Belieben im Backofen erwärmen. Mit etwas Käsecreme bestreichen und mit der Rucola-Chinakohl-Mischung bestreuen. Das Hähnchenbrustfilet auf 2 Wraps verteilen und kräftig mit Salz und Pfeffer würzen.

4

Die beiden anderen Wraps ebenfalls mit etwas Käsecreme bestreichen, mit Möhrenraspeln und Mais belegen und mit Salz und Pfeffer würzen. Alle Tortillas seitlich einschlagen, damit nichts herausfallen kann, und von unten nach oben fest aufrollen. In Alufolie einwickeln; das gibt dem Wrap Halt und man kann ihn gut mitnehmen.

TIPP

Mit jeglicher Art von Saucen und Dips bestreichen und mit gebratenem Hackfleisch oder mit Thunfisch füllen.

KNOFI-KÖFTE MIT KRÄUTERSAUCE

Statt im Imbiss kann man die aromatischen Fleischspieße auch ganz einfach zu Hause machen: Dazu Hackfleisch von Rind oder Lamm in einer türkischen Fleischerei oder einem Supermarkt kaufen und die Köfte auf dem Außengrill oder im Backofen zubereiten.

1

Für die Köfte das Fladenbrot in kleine Stücke schneiden und in etwas Wasser einweichen. 2 Zwiebeln und den Knoblauch schälen und fein würfeln. Die Kräuter waschen, trocken schütteln, die Blättchen abzupfen und fein hacken.

2

Das eingeweichte Brot ausdrücken und in einer Schüssel mit Hackfleisch, Ei, Zwiebel- und Knoblauchwürfeln kräftig verkneten. Mit Salz, Pfeffer, Pul Biber und Kreuzkümmel würzen. Zum Schluss 1 gehäuften EL gehackte Kräuter (den Rest für die Kräutersauce beiseitestellen) und 1 EL Olivenöl untermischen. Die Masse abschmecken.

3

Die Fleischmasse mit nassen Händen zu etwa zwölf Bällchen formen und diese jeweils flach drücken. Die Paprikaschoten waschen, längs aufschneiden, entkernen und vierteln. Die restliche Zwiebel schälen, vierteln und in Schichten brechen.

4

Den Backofen auf 200 °C mit Grillstufe vorheizen und ein Backblech mit Alufolie auslegen. Die Grillspieße mit je zwei 2 Paprikavierteln, mehreren Zwiebelstücken und drei Köften bestücken. Auf das Backblech legen und die Spieße mit Olivenöl bestreichen. Im heißen Backofen unter mehrmaligem Wenden etwa 20 Minuten grillen.

5

Für die Sauce den Joghurt mit den restlichen gehackten Kräutern und dem Ajvar verrühren. Nach Belieben mit Zitronensaft würzen und mit Salz und Pfeffer abschmecken.

ZUTATEN FÜR 4 PERSONEN
Für die Köfte
- 150 g trockenes Fladenbrot
- 3 Zwiebeln
- 4 Knoblauchzehen
- 1 Bund gemischte Kräuter (Petersilie, Dill, Minze)
- 500 g Rinder- oder Lammhackfleisch
- 1 Ei (Größe L)
- Salz
- frisch gemahlener Pfeffer
- 1 TL Pul Biber (türk. Paprikagewürz)
- ½ TL gemahlener Kreuzkümmel
- Olivenöl
- 2 kleine grüne Paprikaschoten

Für die Sauce
- 500 g türkischer Joghurt
- 2 EL Ajvar (türk. Paprikawürzpaste)
- Zitronensaft (nach Belieben)
- Salz
- frisch gemahlener Pfeffer

Außerdem
- 4 Grillspieße

ZUBEREITUNGSZEIT
1 Stunde

EINGEWICKELT – BURRITOS MIT BOHNEN UND FLEISCH

Die Verpackung – der weiche Teigfladen – ist praktischerweise so um das pikante Essvergnügen gewickelt, dass sie als Beilage und Brot zum Tex-Mex-Food ideal passt. Die Füllung der Tortillas ist abwechslungsreich und schmeckt überall ein bisschen anders.

1

Zwiebel und Knoblauch schälen und fein würfeln. Den Koriander waschen, trocken schütteln und fein hacken. Dann mit der sauren Sahne verrühren und mit Salz und Pfeffer würzen.

2

Die Chilischote waschen, entkernen und fein hacken. In einer Pfanne 2 EL Öl erhitzen und darin Zwiebel, Knoblauch und Chili andünsten. Kidneybohnen und Tomaten hinzufügen und alles bei mittlerer Hitze etwa 10 Minuten sanft kochen. Mit Salz, Pfeffer und Kreuzkümmel würzen.

3

Die Rindersteaks schräg in schmale Streifen schneiden und im restlichen Öl rundum kräftig anbraten. Mit Salz und Pfeffer würzen.

4

Die Tortilla-Fladen auf der Arbeitsfläche auslegen. Nacheinander zuerst mit Salatstreifen, Bohnen und Mais belegen. Darauf die Fleischstreifen verteilen und mit der Koriandercreme beträufeln. Das untere Ende des Fladens einklappen, dann eine Seite über die Füllung schlagen und einrollen. In Alufolie einwickeln, das gibt den Burritos Halt.

ZUTATEN FÜR 4 PERSONEN
- 1 Zwiebel
- 2 Knoblauchzehen
- 1 kleines Bund Koriandergrün
- 200 g saure Sahne oder Sour Cream
- Salz
- frisch gemahlener Pfeffer
- 1 kleine rote Chilischote
- 3 EL Pflanzenöl
- 250 g Kidneybohnen (aus der Dose), abgetropft
- 250 g Tomaten, gewürfelt
- 1 kräftige Prise gemahlener Kreuzkümmel
- 2 Rindersteaks
- 4 Tortilla-Fladen

Zum Füllen
- Salatstreifen vom Eisbergsalat, Mais etc.

ZUBEREITUNGSZEIT
35 Minuten

SÜSSKARTOFFEL-POMMES MIT ZIMTIGEM AVOCADODIP

Es scheint eine Verbindung zwischen Gourmet-Burger-Hotspots in Berlin und Süßkartoffeln zu geben. Je hochwertiger die Burger, desto mehr Auswahl an Pommes gibt es, und da sind die »Sweet Potato Chips« stets dabei. So auch bei *Shiso Burger* in Mitte, die Asien mit der Burgerwelt verbinden. Dort gibt es zum vegetarischen »Toad Burger«, bestehend aus unter anderem Portobello Mushrooms und Blue Cheese, natürlich auch die süßen Pommes.

1

Für die Pommes den Backofen auf 220 °C vorheizen und ein Backblech mit Backpapier auslegen. Die Süßkartoffeln waschen, schälen und in 1–2 cm dicke Stifte schneiden.

2

Das Öl in einer großen Schüssel mit Salz, Pfeffer und den beiden Paprikasorten verrühren. Die Süßkartoffelstifte darin schwenken. Auf dem Backblech verteilen und im heißen Backofen auf mittlerer Schiene etwa 25 Minuten backen.

3

Inzwischen für den Dip die Avocados halbieren, entkernen und das Fruchtfleisch herauslösen. In einen hohen Becher geben und mithilfe eines Stabmixers mit Zitronensaft und -schale sowie saurer Sahne fein pürieren. Mit Zimt nach Belieben abschmecken und die Petersilie unterrühren.

4

Die Pommes mit dem Dip servieren.

ZUTATEN FÜR 4 PERSONEN
Für die Pommes
- 1 kg Süßkartoffeln
- 3 EL Pflanzenöl
- Salz
- frisch gemahlener Pfeffer
- edelsüßes Paprikapulver
- Rosenpaprikapulver

Für den Dip
- 2 reife Avocados (am besten Sorte Hass)
- Saft und abgeriebene Schale von 1 Bio-Zitrone
- 100 g saure Sahne
- gemahlener Zimt (nach Belieben)
- 1 EL gehackte Petersilie oder gehacktes Koriandergrün

ZUBEREITUNGSZEIT
40 Minuten

GRÜNKOHL-CHIPS

ZUTATEN FÜR 4 SNACK-PORTIONEN
- 500 g erntefrischer Grünkohl
- 4–5 EL Olivenöl
- ½ TL Currypulver
- Meersalz
- grob gemahlener Pfeffer

ZUBEREITUNGSZEIT
50 Minuten

In Berlin gibt es eine kunterbunte Foodszene: Am Imbissstand holt man sich eine Tüte Gemüsechips und am Saftstand nebenan kann man den neuesten grünen Smoothie probieren. Es gibt auch spezielle Bars, die frischen Weizengrassaft verkaufen. Die Gewürze für die Gemüsechips sind variabel: von Kardamom und Zimt über Paprikapulver und Chili bis hin zu Cayennepfeffer ist alles möglich. Die knusprig gebackenen Grünkohlchips halten sich luftdicht verpackt ein bis zwei Tage. Also ideal als kleiner Snack zum Mitnehmen zur Arbeit.

1
Den Backofen auf 140 °C vorheizen und ein Backblech mit Backpapier auslegen. Den Grünkohl waschen, trocken schleudern und die krausen Blätter in mundgerechte Stücke schneiden (harte Stängel dabei entfernen).

2
Das Öl mit Currypulver, etwas Salz und Pfeffer in einer Schüssel verrühren. Den Grünkohl portionsweise darin schwenken und auf dem Backpapier verteilen. Im heißen Backofen auf mittlerer Schiene etwa 40 Minuten trocknen lassen.

TIPP

Um Grünkohlchips herzustellen, muss man nicht auf den Grünkohl im Winter warten. Viele Bio-Gärtnereien bieten inzwischen eine neue Variante des Grünkohls an. Der Grünkohl als »Baby Leaf« ist schon während der Sommermonate erhältlich und braucht nicht den ersten Frost wie herkömmlicher Grünkohl.

CHAI-SMOOTHIE

Trend-Veganer nennen sich die beiden Modeblogger Jakob Haupt und David Roth, die das *Dandy Diner* in Neukölln spektakulär eröffnet haben. Sie wollen Chai-Smoothie trinken, Chia-Pudding und Açai Bowls essen.

ZUTATEN FÜR ETWA 500 ML
- etwas Ingwer, gerieben
- 200 g Banane, in Stücke geschnitten und etwa 1 Stunde angefroren
- 250 ml Reis- oder Mandelmilch
- 1 Msp. gemahlener Zimt
- ½ TL Maca-Pulver
- 1 Sternanis, im Mörser zerrieben
- 1 Msp. gemahlener Kardamom

ZUBEREITUNGSZEIT
5 Minuten

Alle Zutaten in einem leistungsstarken Standmixer zu einem sämigen Smoothie verarbeiten. Zum Servieren in hübsche Gläser füllen.

CHILI CON TOFU IN DER PITATASCHE

Vegane Küche gehört einfach zum kulinarischen Repertoire Berlins. Und auch Nicht-Veganer und -Vegetarier – gerne auch mal als Flexitarier bezeichnet – beißen genussvoll in diese köstliche Brottasche.

VARIANTE »HOT IN THE CITY«
Das Chili kann individuell geschärft werden. »Hot« mit frischer oder getrockneter und gewürfelter Chilischote, die mit dem Knoblauch angebraten wird. Oder »spicy« mit gemahlenem Chilipulver oder Chiligewürz.

1
Das Suppengemüse putzen, waschen, schälen und in kleine Würfel schneiden. Zwiebel und Knoblauch schälen und fein würfeln. Den Tofu klein schneiden.

2
Das Öl in einer großen Pfanne erhitzen. Zwiebel- und Knoblauchwürfel darin andünsten. Suppengemüse und Tofu zugeben und bei mittlerer Hitze etwa 5 Minuten braten. Das Tomatenmark einrühren, kurz rösten und das Ganze mit dem Wein ablöschen. Mit passierten Tomaten und Brühe aufgießen.

3
Die Mischung mit Salz, Pfeffer, beiden Paprikasorten, Thymian und Nährhefeflocken würzen, dann bei schwacher Hitze leicht einkochen.

4
In der Zwischenzeit die Pitabrote im Backofen erwärmen und seitlich Schlitze hineinschneiden, sodass kleine Taschen entstehen. Das Chili hineinfüllen und servieren.

ZUTATEN FÜR 4 PERSONEN
- 1 kleines Bund Suppengemüse (Möhre, Sellerie, Lauch)
- 1 große Zwiebel
- 2 Knoblauchzehen
- 300 g Tofu
- 3 EL Olivenöl
- 1 EL Tomatenmark
- 1 Schuss Rotwein
- 250 g passierte Tomaten (aus der Dose)
- 200 ml Gemüsebrühe
- Salz
- frisch gemahlener Pfeffer
- je 1 kräftige Prise edelsüßes Paprikapulver, Rosenpaprikapulver und getrockneter Thymian
- 1 EL Nährhefeflocken
- 4 Pitabrote

ZUBEREITUNGSZEIT
30 Minuten

MULTIKULTI
AN DER SPREE

SPARERIBS MIT CHIMICHURRI

Restaurants wie das *Sudaka* von Fernsehkoch Chakall in Schöneberg zelebrieren die südamerikanische Liebe zum Fleisch und zum Grillen »à la parrilla«. Auch in der *Markthalle Neun*, wo es jeden Donnerstag Streetfood aus aller Welt gibt, darf »Sabor latino« – der Geschmack Lateinamerikas – nicht fehlen.

1

Für die Spareribs den Backofen auf 180 °C vorheizen und ein Backblech mit Alufolie auslegen. Die Schweinerippchen wegen eventueller Knochensplitter waschen und mit Küchenpapier trocken tupfen. Rundherum mit Salz und Pfeffer würzen.

2

Das Pflanzenöl mit Senf, Honig und Ketchup verrühren. Die Spareribs von allen Seiten damit bestreichen und auf dem Backblech verteilen. Auf mittlerer Schiene in den heißen Backofen schieben und unter mehrmaligem Wenden etwa 40 Minuten backen.

3

In der Zwischenzeit für das Chimichurri die Petersilie waschen, trocken schütteln, die Blättchen abzupfen und fein hacken. Mit dem Limettensaft vermischen. Den Knoblauch schälen, durch eine Knoblauchpresse dazudrücken und alles mit dem Olivenöl verrühren. Kräftig mit Salz, Pfeffer, Oregano, Thymian und vor allem Chiliflocken würzen.

4

Die Spareribs aus dem Backofen nehmen, kurz abkühlen lassen und nach Belieben längs in einzelne Rippen schneiden. Das Chimichurri dazu servieren.

ZUTATEN FÜR 4 PERSONEN
Für die Spareribs
- 2 kg Schweinerippchen
- Salz
- frisch gemahlener Pfeffer
- 4 EL Pflanzenöl
- ½ EL scharfer Senf
- 1 EL flüssiger Honig
- 4 EL Tomatenketchup oder 100 ml Barbecuesauce

Für das Chimichurri
- 1 Bund Petersilie
- Saft von 1 Limette oder Zitrone
- 2 Knoblauchzehen
- 5 EL Olivenöl
- Salz
- frisch gemahlener Pfeffer
- je 1 kräftige Prise getrockneter Oregano, getrockneter Thymian und Chiliflocken

ZUBEREITUNGSZEIT
50 Minuten

VIETNAMESISCHE SOMMERROLLEN MIT CHILIDIP

Für die Rollen

- 4 kleine Möhren
- 1 kleine reife Mango
- 300 g Chinakohl
- 2 Frühlingszwiebeln
- 1 kleines Bund Korian-
  dergrün
- 4 große Blätter Reis-
  papier
- 1 EL flüssiger Honig
- 1 EL Sherryessig
- Salz
- frisch gemahlener
  Pfeffer

Für den Dip

- 2 kleine rote Chili-
  schoten
- 1 Knoblauchzehe
- 1 EL flüssiger Honig
- 1 TL heller Essig
- 2 EL Pflanzenöl
- Salz
- frisch gemahlener
  Pfeffer

ZUBEREITUNGSZEIT
35 Minuten

Einfach, vegan, vietnamesisch inspiriert – leicht aus der Hand zu essen. Die knackigen Rollen saisonal mit frischem Gemüse variieren und in süß-scharfe Sauce dippen.

1

Für die Rollen die Möhren schälen und in streichholzgroße Stifte schneiden. Die Mango schälen, das Fruchtfleisch vom Stein schneiden und sehr klein würfeln.

2

Die Chinakohlblätter waschen, trocken tupfen und quer in feine Streifen schneiden. Die Frühlingszwiebeln waschen, putzen und in Streifen schneiden. Den Koriander waschen, trocken schütteln, die Blättchen abzupfen und fein hacken. Die Reispapierblätter einzeln auf der Arbeitsfläche auslegen und mit Wasser bestreichen, damit sie formbar werden.

3

Den Honig mit Essig und Koriander verrühren und mit Salz und Pfeffer würzen. Die Sauce locker mit Möhren, Mango, Chinakohl und Frühlingszwiebeln vermengen und auf den Reispapierblättern verteilen. Die Seiten einschlagen und fest aufrollen, sodass nichts herausfallen kann.

4

Für den Dip die Chilischoten waschen, entkernen und fein würfeln. Den Knoblauch schälen und fein reiben. Beides mit Honig, Essig und Öl verrühren. Mit Salz und Pfeffer würzen und zu den Rollen reichen.

AUFGESPIESSTES CRAZY CHICKEN MIT ERDNUSSDIP

Für das Hähnchen
- 12 Zitronengrasstängel
- 500 g Hähnchenbrustfilet
- 2 EL helle Sojasauce
- 1 EL Austernsauce
- 6 EL Pflanzenöl

Für den Dip
- 5 EL Weißweinessig
- 1 EL Pflanzenöl
- 2 EL flüssiger Honig
- 1 kräftige Prise Salz
- 4 EL Erdnusscreme mit Stückchen
- 2 EL Tomatenmark
- ½ TL grob gemahlene rote Pfefferkörner

ZUBEREITUNGSZEIT
30 Minuten, plus 1 Stunde Kühlzeit

Asiatische Küche »to go« von koreanischen, vietnamesischen, chinesischen und japanischen Imbissständen gehört ins Stadtbild von Berlin wie das Brandenburger Tor. Im Sommer findet im Preußenpark in Wilmersdorf immer sonntags die »Thaiwiese« statt, wo man die köstlichsten asiatischen Leckereien kaufen kann.

1

Für das Hähnchen die Zitronengrasstängel waschen, die harten äußeren Blätter entfernen und die Stängel mit einem Messer etwas spitzer zuschneiden. Das Hähnchenfleisch in zwölf Stücke von etwa 8 x 2 cm schneiden.

2

Auf jeden Zitronengrasstängel 1 Fleischstück aufspießen, und zwar so, dass die Filets zwei- bis dreimal durchstochen werden. Die Fleischspieße auf einen Teller legen und mit Soja- und Austernsauce beträufeln. Mit Frischhaltefolie abdecken und zum Durchziehen für 1 Stunde in den Kühlschrank stellen.

3

Für den Dip alle Zutaten mit 100 ml Wasser in einem Topf verrühren und bei mittlerer Hitze 2–3 Minuten erwärmen.

4

Das Öl in einer großen beschichteten Pfanne erhitzen und die marinierten Spieße darin 2–3 Minuten rundum kräftig anbraten. Dann die Hitze reduzieren und die Spieße in weiteren 2–3 Minuten fertig braten. Mit dem Dip servieren.

BULGOGI

ZUTATEN FÜR 4 PERSONEN
Für die Marinade
- 1 kleines Stück Ingwer (1 cm)
- 2 Knoblauchzehen
- 2 Frühlingszwiebeln
- 3 EL Pflanzenöl
- 1 EL Sesamsamen, geröstet
- 2 EL Sesamöl
- 1 Msp. Pfeffer
- 1 TL flüssiger Honig oder Ahornsirup

- 600 g Rinderfilet

Zum Servieren
- Chinakohlblätter, gewaschen und trocken getupft
- 4 EL Pflanzenöl, mit 1 gehackten Chilischote verrührt
- Rettich, in Streifen geschnitten
- Ingwer, gehackt
- Knoblauchzehen, gehackt

ZUBEREITUNGSZEIT
30 Minuten, plus 2 Stunden Marinierzeit

Das Nationalgericht Koreas gehört bei den vielen koreanischen Restaurants in Berlin zum absoluten Muss. Und eingelegter, fermentierter Weißkohl ebenfalls: Er trägt den Namen Kimchi. Servieren Sie zu diesem Gericht Rettich und Weißkohl »Kimchi-Style« oder, noch besser, besorgen Sie fertig eingelegtes Kimchi beim Koreaner.

DAZU PASST
Reichen Sie dazu unbedingt Reis.

1
Für die Marinade Ingwer und Knoblauch schälen und fein hacken. Die Frühlingszwiebeln putzen, waschen und fein würfeln. Die vorbereiteten Zutaten mit Pflanzenöl, Sesamsamen, Sesamöl, Pfeffer und Honig verrühren.

2
Das Rinderfilet in sehr feine Streifen (ähnlich wie bei einem Carpaccio) schneiden und in einer Schüssel mit der Marinade begießen. Abdecken und für 2 Stunden in den Kühlschrank stellen.

3
Die marinierten Fleischstreifen in einer heißen Pfanne ohne Fett von beiden Seiten kurz anbraten. Herausnehmen und sofort servieren. (Noch besser geht es mit einem Tischgrill.)

4
Zum Verzehren nimmt sich jeder ein wenig Chinakohl, platziert darauf etwas gegrilltes Fleisch, beträufelt dies mit Chiliöl und gibt nach Geschmack Rettich, Ingwer und Knoblauch darauf.

DIE KÜCHEN DER WELT ZU GAST IN BERLIN

GENUSS IN DER
GEORGISCHEN SPEISE-
STUBE UND BEIM
KOREANISCHEN BBQ

Woher kommt eigentlich der Döner? Klar, er gilt als türkische Spezialität, wurde aber 1972 von Kadir Nurman am Bahnhof Zoo erfunden und ist somit ein waschechter Berliner. Wie der Döner haben auch sein arabischer Bruder Schawarma und sein fleischloser orientalischer Verwandter Falafel an der Spree Heimatgefühle entwickelt. So wird es dem Hummus wahrscheinlich auch bald gehen. Es wird nicht mehr lange dauern, bis das Kichererbsenpüree eingemeindet wird, denn die mediterran-arabisch-israelische Spezialität ist in Berlins Gastroszene fast allgegenwärtig, und das auf ganz spezielle Weise. So ist das »Hummus Veggie« im *Djimalaya*, Hummus mit klein geschnittenem Gemüse, bereits ein echter Hauptstädter, den es so in Tel Aviv, wie Inhaber Ofer Melech weiß, niemals gäbe. Auch das koreanische Kimchi, durch Milchsäuregärung zubereiteter Kohl, darf sich an der Spree inzwischen heimisch fühlen, ist es doch nicht nur Standard beim beliebten koreanischen BBQ, sondern auch unverzichtbare Zugabe zu koreanischen Maultaschen, Pulled Pork und Burgern. Apropos Burger. Burger der Welt, vereinigt euch in Berlin, kann man bei dieser Vielfalt nur sagen: ob die oftmals verfeinerte amerikanische Urversion in Läden wie *The Bird*, japanische Burger mit Fleisch vom Wagyu etwa bei *Shiso Burger*, feine asiatische Burger-Kreationen im *Bun Bao* oder »The Swiss Miss« und »The Mexican Heat« im *Zsa Zsa Burger*.

Nicht nur die Burger, die Küchen des ganzen Globus haben in Berlin ihre Nische gefunden. Und das zwangsläufig. Berlin mit seiner kosmopolitischen Atmosphäre, seiner lebendigen Kultur- und Musikszene und nicht zuletzt den günstigen Lebenshaltungskosten zieht kreative Menschen aus aller Welt an. Und die können auch kochen und haben Heimweh nach der heimischen Küche. Zum Beispiel der russischen. Sie ist

> KULINARISCHES
> MULTIKULTI KOMMT
> STYLISH DAHER

schon fast Standard. Wer es ausgefallener, aber authentisch mag, besucht das georgische Restaurant *Schwiliko*. Und die üblichen Verdächtigen? Italiener ja, aber keine Vorortpizzerien, stattdessen feine Trattorien und cucina alla mamma. »Bommel-Chinesen«, bei denen man am liebsten die Nr. 76 bestellt, gibt es bundesweit. Aber ein chinesisches Restaurant wie das *Hot Spot*, wo der Wirt nicht nur typische Gerichte aus Sichuan, Jiangsu und Shanghai auffährt, sondern auch ein Faible für restsüße deutsche Rieslinge und einen entsprechenden Weinkeller hat? Ein Franzose wie die *Cantine d'Augusta*, die so charmant französisch und doch so kosmopolitisch auch in Mar-

seille angesagt wäre? Ein typisches Mezedopolio wie das *Ousies*, das man so auch in Athen findet? Und wer bisher noch nichts von der peruanischen Küche gehört hat, der probiert Ceviche, nur durch Zitrussäure gar gezogenen Fisch, in der *Picanteria und PiscoBar Naninka* in der Arminiusmarkthalle. Dort gibt es gleich nebenan im *Rosa Lisbert* vielleicht sogar besseren Flammkuchen als im Elsass. Beliebig ließe sich die Liste fortsetzen, von Picadas und Empanadas bis zur traditionellen vietnamesischen Pho-Suppe – multikulturelle kulinarische Vielfalt, wie sie spannender nicht sein könnte.

KOREANISCHES KIMCHI UND HUMMUS WIE IM *DJIMALAYA* SIND ZWEI DER TRENDSETTER

DIE KÜCHEN DER WELT ZU GAST IN BERLIN

ARABISCHES BABAGANOUSH UND TABOULÉ MIT MINZE UND PETERSILIE

In der Box zum Löffeln und Tunken auf der Parkbank in der Mittagspause? Ein herrlich gesunder und sättigender Snack.

1

Für das Babaganoush den Backofen auf 200 °C vorheizen. Die Aubergine waschen, mehrmals rundherum mit einer Gabel einstechen und auf einem Backblech auf mittlerer Schiene in den heißen Backofen schieben. Nach etwa 25 Minuten, wenn die Haut sichtlich dunkel gefärbt ist und Blasen wirft, die Aubergine herausnehmen.

2

In der Zwischenzeit für das Taboulé den Couscous in eine Schüssel geben und mit etwa 600 ml heißem Wasser begießen. Mit einem Küchentuch abdecken und nach Packungsangabe etwa 10 Minuten ziehen lassen. Minze und Petersilie waschen, trocken schütteln, die Blättchen abzupfen und hacken. Die Frühlingszwiebeln putzen, waschen und in feine Ringe schneiden.

3

Den Couscous mit einer Gabel lockern und dabei mit Öl und Zitronensaft verrühren. Kräuter und Frühlingszwiebeln untermischen und alles mit Salz und Pfeffer würzen.

4

Die Aubergine abkühlen lassen, dann schälen und das Fruchtfleisch mit Öl und Zitronensaft pürieren. Mit Salz und Pfeffer würzen. Auf einem Teller breitflächig verteilen und mit den Oliven belegen.

5

Das Taboulé mit Babaganoush und Fladenbrot servieren.

ZUTATEN FÜR 4 PERSONEN
Für das Babaganoush
- 1 Aubergine
- 3 EL Olivenöl
- Saft von ½ Zitrone
- Salz
- frisch gemahlener Pfeffer
- 100 g schwarze und grüne Oliven
- Fladenbrot

Für das Taboulé
- 250 g Couscous
- 1 kleines Bund Minze
- 1 kleines Bund Petersilie
- 3 Frühlingszwiebeln
- 4 EL Olivenöl
- Saft von 1 Zitrone
- Salz
- frisch gemahlener Pfeffer

ZUBEREITUNGSZEIT
40 Minuten

GRÜNES CURRY MIT DUFTREIS IN DER ALUBOX

<u>ZUTATEN FÜR 4 PERSONEN</u>
- 2 Tassen Duftreis (etwa 250 g)
- Salz
- 400 g Hähnchenbrustfilet
- 1 EL helle Sojasauce
- frisch gemahlener Pfeffer
- 1 rote Chilischote
- 200 g Thai-Auberginen
- 200 g Mungobohnen-sprossen
- 1 EL Pflanzenöl
- 1 EL grüne thai-ländische Currypaste
- 250 ml Kokosmilch
- 500 ml Geflügelbrühe
- Chiliflocken (nach Belieben)

<u>ZUBEREITUNGSZEIT</u>
40 Minuten

Ob grün, rot oder gelb – ein Curry vom Thai gehört zur Multikulti-Kultur, gerne auch schnell zum Mitnehmen in der praktischen Aluminiumbox.

1

Den Reis in einen Topf geben und die doppelte Menge Wasser angießen. Etwas Salz zugeben und nach dem Aufkochen die Hitze reduzieren. Den Reis bei schwacher Hitze unter gelegentlichem Rühren so lange garen, bis die Flüssigkeit komplett aufgesogen wurde.

2

Das Hähnchenbrustfilet in etwa 1 cm breite Streifen schneiden. Mit der Sojasauce beträufeln und mit Pfeffer würzen. Die Chilischote waschen, entkernen und in Streifen schneiden. Die Auberginen waschen. Die Mungobohnensprossen ebenfalls waschen und in einem Sieb abtropfen lassen.

3

Das Öl in einer großen Pfanne mit hohem Rand oder in einer Wokpfanne erhitzen und die Currypaste darin unter Rühren anbraten.

4

Mit Kokosmilch und Brühe aufgießen. Nach dem Aufkochen die vorbereiteten Zutaten einrühren und bei mittlerer Hitze in etwa 10 Minuten gar ziehen lassen.

5

Den Reis nach Belieben mit Chiliflocken bestreuen und mit dem Curry servieren.

FALAFEL MIT TAHIN-KNOBLAUCH-SAUCE

Für die Falafeln
- 250 g getrocknete Kicher-erbsen
- Salz
- 150 g trockenes Pitabrot
- 2 Schalotten
- 2 Knoblauchzehen
- 1 kleines Bund Korian-dergrün
- 1 kleine grüne Chilischote
- Saft von 1 Zitrone
- 1 TL Korianderkörner
- 1 TL Kreuzkümmelsamen
- frisch gemahlener Pfeffer

Zum Frittieren
- 1 l Pflanzenöl

Für die Sauce
- 100 g Tahin (Sesammus)
- 150 g Naturjoghurt
- 2 Knoblauchzehen, gerieben
- 2 EL gehackte Petersilie
- Saft von ½ Zitrone
- Cayennepfeffer

ZUBEREITUNGSZEIT
1 ¼ Stunden, plus
1 Stunde Kühlzeit und
12 Stunden Einweichzeit

Gebackene Kichererbsenbällchen mit viel Knofi und Salat, gerne auch in der praktischen »Handtasche« – Veggie-Streetfood, zum Reinbeißen gut.

SO GEHT'S AUCH
Um die Falafeln bequem mitnehmen zu können, pro Portion ein kleines Pitabrot seitlich zu einer Tasche einschneiden. Im Backofen erwärmen und anschließend nach Belieben füllen: Salatstreifen, Falafeln, Sauce usw.

1

Für die Falafeln die getrockneten Kichererbsen waschen und in einer Schüssel mit kaltem Wasser bedecken. Am besten über Nacht einweichen. Das Wasser wechseln, die Kichererbsen in einen Topf geben und mit 1 Prise Salz in etwa 50 Minuten weich kochen.

2

In der Zwischenzeit das Brot in kleine Stücke reißen, mit 200 ml kaltem Wasser begießen und 10 Minuten einweichen. Schalotten und Knoblauch schälen und in kleine Würfel schneiden. Das Koriandergrün waschen, trocken schütteln und die Blättchen abzupfen. Die Chilischote waschen, Stielansatz und Kerne entfernen. Das Brot gründlich ausdrücken.

3

Die Kichererbsen abgießen und gründlich abtropfen lassen. Alle vorbereiteten Zutaten mit Zitronensaft und Gewürzen in der Küchenmaschine oder im Mixer pürieren. Es sollten noch Kichererbsenstücke zum Beißen enthalten sein. Die Masse abdecken und 1 Stunde kühl stellen.

4

Für die Sauce alle Zutaten gründlich verrühren und mit Salz, Pfeffer und Cayennepfeffer würzen.

5

Mit befeuchteten Händen aus dem Kichererbsenteig etwa 28 Bällchen formen. Das Öl in einem großen Topf auf 180 °C erhitzen und die Bällchen darin in 4–5 Minuten goldbraun und knusprig frittieren. Auf Küchenpapier abtropfen lassen und mit der Sauce servieren.

TIPP

Wenn es schnell gehen muss, einfach gekochte Kichererbsen (aus der Dose) verwenden.

BAGEL MIT SCHMEAR, GRÜNZEUG UND GEZUPFTEM LACHS

Die kompakten Brötchen mit dem Loch in der Mitte entstammen der jüdischen Esstradition und wurden via New York weltweit bekannt. In Berlin haben »Salomon Bagels« nicht nur Tradition, sondern man findet dort auch eine gute Auswahl mit verschiedensten Körnern und Gewürzen auf und in den Bagels. Darauf kommt »Schmear«, was im Jiddischen so viel wie »Brotaufstrich« heißt.

ZUTATEN FÜR 4 PERSONEN
- 500 g Lachsfilet (ohne Haut)
- Salz
- frisch gemahlener Pfeffer
- 2 EL Olivenöl
- 4 Bagels
- 100 g Frischkäse
- 1 Fleischtomate
- je 2 Handvoll Babyspinat und Rucola
- Saft von ½ Zitrone
- 1 TL flüssiger Honig
- ½ TL mittelscharfer Senf
- 1 TL gehackter Dill

ZUBEREITUNGSZEIT
30 Minuten

1
Das Lachsfilet in vier Portionen schneiden und mit Salz und Pfeffer würzen. Das Öl in einer Pfanne erhitzen und die Lachsstücke darin von beiden Seiten kurz anbraten. Die Pfanne vom Herd nehmen; der Lachs soll etwas nachziehen, aber nicht fertig braten.

2
Die Bagels quer halbieren und die Unterseiten mit dem Frischkäse bestreichen. Mit Salz und Pfeffer würzen. Tomate, Spinat und Rucola waschen und trocken tupfen. Die Tomate halbieren und in dünne Scheiben schneiden. Die Frischkäse-Bagelhälften mit etwas Spinat, Rucola und Tomatenscheiben belegen.

3
Die Lachsportionen mit einer Gabel »zerzupfen« und auf dem Gemüse-»Bett« verteilen. Den Zitronensaft mit Honig, Senf und Dill verrühren und darüberträufeln. Den restlichen Spinat und Rucola daraufgeben und mit den unbelegten Bagelhälften abschließen.

EINGEROLLTES SCHAWARMA MIT HALLOUMI

- 1 große Zwiebel
- ½ Bio-Salatgurke
- 150 g Weißkohl
- grüne Salatblätter
- 4 Knoblauchzehen
- 4 EL Olivenöl
- 250 g Halloumi-Käse
- 4 dünne Teigfladen (Dürüm oder Yufka, gekauft)
- 100 g Hummus (Rezept s. S. 101)
- gehackte Petersilie (nach Belieben)

ZUBEREITUNGSZEIT
30 Minuten

Mit gegrilltem Käse, aber auch mit Rind- oder Hähnchenfleisch gefüllt – alles ist möglich für das Innenleben eines gerollten Schawarma am Imbissstand. Meist steht auch noch das arabische Wort »Halal« dabei, welches übersetzt »erlaubt« heißt. Es sagt aus, dass es nach islamischem Recht zum Verzehr zulässig ist. Bei folgender vegetarischer Variante kommen als Aufstrich Hummus und Knoblauchöl auf die Teigfladen, denn der Grillkäse braucht würzige Partner.

1

Die Zwiebel schälen, halbieren und in feine Streifen schneiden. Die Gurke waschen und ebenfalls in feine Streifen schneiden. Den Kohl waschen und in feine Streifen schneiden. Den grünen Salat waschen, trocken schleudern und klein zupfen.

2

Den Knoblauch schälen, durch eine Knoblauchpresse drücken und mit 1 EL des Öls verrühren. Den Halloumi in vier Scheiben schneiden und diese in einer Pfanne im restlichen Öl von beiden Seiten je 2–3 Minuten anbraten.

3

Die Teigfladen auf der Arbeitsfläche ausbreiten und mit dem Hummus bestreichen. Darauf Zwiebeln, Gurken, Kohl und Salat verteilen. Die Käseportionen in Streifen schneiden, darübergeben und alles mit dem Knoblauchöl beträufeln. Nach Belieben mit Petersilie bestreuen. Aufrollen, fertig.

FATTOUSH

In der orientalischen Küche gibt es Brotsalat in vielen Variationen. Dazu passt wunderbar Hummus (Rezept s. S. 101). Ein Koch aus dem Restaurant *Hummus & Friends* in Berlin-Mitte sagte einmal, dass die Cremigkeit eines guten Kichererbsenpürees ausschließlich davon abhänge, dass die Grundzutat getrocknete Kichererbsen sind, die durch das Einweichen und beim Kochen eine sämige Geschmeidigkeit entfalten.

1
Das Brot in mundgerechte Stücke schneiden. Die Hälfte des Öls in einer beschichteten Pfanne erhitzen und die Brotstücke darin rundum 2–3 Minuten rösten.

2
Das Gemüse waschen. Die Frühlingszwiebeln putzen und fein hacken. Die Gurke längs halbieren, mit einem Löffel von den Kernen befreien und quer in feine Streifen schneiden. Die Zucchini längs vierteln und quer in dünne Scheiben schneiden. Die Paprikaschoten halbieren, entkernen und von den Stielansätzen befreien, dann in kleine Würfel schneiden. Die Tomaten vierteln, entkernen und klein würfeln.

3
Petersilie und Koriander waschen, trocken schütteln, die Blättchen abzupfen und fein hacken. Den Knoblauch schälen und durch eine Knoblauchpresse zum restlichen Öl in eine kleine Schüssel drücken. Kräuter und Zitronensaft unterrühren. Mit Salz und Pfeffer würzen. Alle vorbereiteten Zutaten in einer Schüssel locker vermengen.

ZUTATEN FÜR 4 PERSONEN
- 500 g trockenes Pitabrot
- 6 EL Olivenöl
- 4 Frühlingszwiebeln
- 1 große Bio-Salatgurke
- 1 Zucchini
- je 1 grüne und rote Paprikaschote
- 250 g aromatische Tomaten
- ½ Bund Petersilie
- 1 kleines Bund Koriandergrün
- 2 Knoblauchzehen
- Saft von 2 Zitronen
- Salz
- frisch gemahlener Pfeffer

ZUBEREITUNGSZEIT
30 Minuten

HUMMUS »DJIMALAYA«

Für den Hummus
- 500 g getrocknete Kichererbsen
- 1 TL Backpulver
- Salz
- 1 Prise gemahlener Kreuzkümmel
- 150 g Tahin (Sesammus)
- 50 ml Zitronensaft
- 3-4 EL Olivenöl
- ½ TL Rosenpaprikapulver
- 1 kleines Bund Petersilie, gehackt

Zum Dippen
- Gemüsesticks und -spalten von Paprikaschote, Salatgurke, Tomaten, Möhren und Zwiebeln (nach Belieben)

ZUBEREITUNGSZEIT
1 ¼ Stunden, plus
12 Stunden Einweichzeit

»Djimalaya« rufen die israelischen Pfadfinder vor dem Essen im Ferienlager. »Djim! Djim! Djim!« antworten sie laut darauf. Für Ofer Melech war dieses Ritual der Grund, sein Restaurant *Djimalaya* zu nennen. Das Konzept »Hummus & Grill« findet man in Israel an jeder Ecke. Der Hummus wird täglich nach eigenem Rezept hergestellt, und auch das Pitabrot, das – ebenso wie Oliven, Salzgurken, Zwiebeln und scharfe Zitronensauce – unbedingt dazugehört, wird im Restaurant jeden Tag frisch gebacken. Das leckere Kichererbsenmus gibt es in verschiedenen Varianten. Allerdings ist das »Hummus Veggie« mit frisch geschnittenem Gemüse ein Berlin-Special.

1
Die Kichererbsen in einer Schüssel mit Wasser bedecken. Am besten über Nacht einweichen.

2
Die Kichererbsen in ein Sieb abgießen und gründlich mit kaltem Wasser waschen. In einem Topf mit frischem Wasser bedecken und zum Kochen bringen. Etwa 1 Stunde garen, dabei den entstandenen Kochschaum immer wieder mit einer Schaumkelle abschöpfen.

3
Die Kichererbsen abgießen und etwas von der Kochflüssigkeit auffangen. Kirchererbsen und Kochflüssigkeit mit Backpulver, Salz und Kreuzkümmel in einem Mixer oder mit dem Stabmixer cremig pürieren.

4
Das Kichererbsenmus mit Tahin und Zitronensaft verrühren.

5
Zum Servieren den Hummus portionsweise breitflächig auf flache Teller verteilen. Mit dem Öl beträufeln, mit Paprikapulver bestäuben und mit gehackter Petersilie bestreuen. Dazu nach Belieben Gemüsesticks und -spalten servieren.

MITTAG-ESSEN & AFTER-WORK

BERLINER BOTSCHAFTER – BULETTEN MIT SCHMORGURKENGEMÜSE

ZUTATEN FÜR 4 PERSONEN
Für die Buletten
- 2 trockene Schrippen (Brötchen)
- 1 große Zwiebel
- 500 g Schweinehackfleisch
- 1 Ei
- Salz
- frisch gemahlener Pfeffer
- 5 EL Pflanzenöl
- 1 EL Butter

Für das Gemüse
- 800 g Schmorgurken (etwa 3 Stück)
- 1 Zwiebel
- 50 g durchwachsener Räucherspeck
- 2 EL Pflanzenöl
- 1 Prise Zucker
- 1 Spritzer heller Essig
- 100 g Sahne
- ½ Bund Dill, gehackt

ZUBEREITUNGSZEIT
40 Minuten

TIPP

Je »matschiger« die eingeweichten Schrippen sind, umso lockerer werden die Buletten. Je fester die Schrippen ausgedrückt werden, umso fester wird auch die Konsistenz der Buletten sein – wie es »richtig« geht, ist in Berlin aber Ansichtssache.

Buletten gehören zu den Lieblingsgerichten der Berliner. Ob warm oder kalt, mit saurer Gurke, mit Mostrich (Senf) oder ohne, solo von der Hand in den Mund oder ordentlich auf eine Schrippe gepackt – »ejal«, Hauptsache sie schmecken wie bei Muttern. Das kann in der Eckkneipe, am Stehimbiss oder zu Hause sein.

Das Wort Bulette stammt ursprünglich von den Franzosen; die »Boule« ist eine (Fleisch-)Kugel, die den Berlinern quasi als Souvenir hinterlassen wurde.

In folgendem Rezept wird, wie im Original, nur Schweinefleisch verwendet; heutzutage hat sich gemischtes Hackfleisch (halb Schwein und halb Rind) etabliert.

Vor den südlichen Berliner Toren liegt der Spreewald – der allseits zuverlässige Lieferant in Sachen Gurken für das Beilagengemüse.

1

Für die Buletten die Brötchen in dünne Scheiben schneiden und in eine Schüssel legen. Mit etwa 250 ml lauwarmem Wasser begießen und mit einem Küchentuch abdecken. Die Zwiebel schälen und fein würfeln.

2

Das Hackfleisch kräftig mit Ei, eingeweichten Brotscheiben und Zwiebel verkneten. Mit Salz und Pfeffer würzen. Mit angefeuchteten Händen etwa acht Buletten formen. Kühl stellen.

3

Für das Gemüse die Gurken schälen, längs halbieren und die Kerne mit einem Löffel herauskratzen. Die Gurkenhälften quer in etwa fingerdicke Stücke schneiden. Die Zwiebel schälen und fein würfeln. Den Speck ebenfalls fein würfeln.

4

Das Öl in einem breiten Topf erhitzen und darin Zwiebel- und Speckwürfel andünsten. Die Gurken hinzufügen und unter gelegentlichem Rühren etwa 10 Minuten im eigenen Saft schmoren (bei Bedarf etwas Wasser hinzufügen).

5

Inzwischen das Öl für die Buletten in einer großen Pfanne erhitzen und die Buletten darin von beiden Seiten kräftig anbraten. Dann die Hitze reduzieren und die Buletten bei mittlerer Hitze unter Wenden in knapp 10 Minuten fertig braten. Dabei die Butter in die Pfanne gleiten lassen.

6

Das Gurkengemüse mit Salz, Pfeffer, Zucker und Essig würzen und mit der Sahne verfeinern. Vor dem Servieren den Dill unterrühren.

PANIERTES SCHNITZEL VOM HAVELLÄNDER APFELSCHWEIN

- 4 dünne Schnitzel vom Havelländer Apfelschwein (à etwa 180 g)
- Salz
- frisch gemahlener Pfeffer
- Mehl zum Mehlieren
- 100 ml Pflanzenöl (z. B. Rapsöl)

Für die Panade
- 2 Eier
- ½ TL mittelscharfer Senf
- Paniermehl

ZUBEREITUNGSZEIT
20 Minuten

»Schwein gehabt« in der Schrippe auf die Hand. Teures Kalbfleisch als Schnitzel wird als »Wiener Art« verkauft, aber das gibt es selten im Mitnahme-Verkauf. Leider auch nicht immer Bio-Schwein aus dem Umland. Doch in vielen Restaurants mit hervorragender Berliner Küche steht immer häufiger das Havelländer Apfelschwein, das unter anderem mit Apfeltrester gefüttert wird, auf der Speisekarte. Ursprünglich war ein Berliner Schnitzel jedoch ein Vertuschungsmanöver unter der Panade: Es wurde Kuheuter verwendet. In der ehemaligen DDR gibt es noch immer ein Gericht namens »Jägerschnitzel«. Dazu werden dicke Scheiben Jagdwurst paniert, gebraten und mit Tomatensauce zu Nudeln serviert.

DAZU PASST
Am besten schmecken die Schnitzel mit reichlich Bratkartoffeln, Zitronenachteln und Preiselbeeren.

1

Die Schnitzel auf der Arbeitsfläche auslegen und mit einem Plattierer dünn klopfen. Auf beiden Seiten mit Salz und Pfeffer würzen und in Mehl wenden.

2

Für die Panade die Eier mit Senf und 1 Schuss Wasser verquirlen. Die Schnitzel durch die Eier-Senf-Mischung ziehen und in Paniermehl wenden; dabei überschüssiges Mehl abklopfen.

3

Das Öl in einer großen Pfanne erhitzen und die Schnitzel darin kurz von beiden Seiten scharf anbraten. Die Hitze reduzieren und die Schnitzel unter Wenden in wenigen Minuten fertig braten.

TIPP

In manchen Restaurants hält sich eine kulinarische Unsitte hartnäckig: Egal um welches gebratene Schnitzel es sich handelt, es kommt noch eine Kelle braune Sauce darüber. Also Vorsicht, wer das nicht kennt, sollte vorher lieber nachfragen.

EIER MIT MOSTRICHSAUCE UND QUETSCHKARTOFFELN

ZUTATEN FÜR 4 PERSONEN
Für das Püree

- 1 kg Kartoffeln
- 1 Lorbeerblatt
- Salz
- 250 ml lauwarme Milch
- 2 EL weiche Butter
- 1 Msp. gemahlene Muskatnuss

Für Eier und Sauce

- 8 Eier
- 2 EL Butter
- 1 EL Mehl
- 1 EL scharfer Mostrich (Senf)
- 1 EL Zucker
- 3 EL Weißweinessig
- 500 ml Rinderbrühe
- Salz
- frisch gemahlener Pfeffer
- 1 EL gehackte Petersilie

ZUBEREITUNGSZEIT
30 Minuten

Ein typisches Gericht, das in Gaststätten oder Eckkneipen mit Berliner Küche wie dem *Ambrosius,* der traditionsreichen Gaststätte *Zur letzten Instanz,* dem *Metzer Eck,* dem *Deichgraf* und dem *Schusterjungen* – je nach Tageskarte – serviert wird.

1

Für das Püree die Kartoffeln schälen und je nach Größe halbieren oder vierteln. Mit dem Lorbeerblatt in leicht gesalzenes Wasser geben und in etwa 30 Minuten gar kochen.

2

Inzwischen für Eier und Sauce die Eier in kochendes Wasser legen und etwa 8 Minuten kochen. Parallel dazu die Butter in einem Topf zerlassen, das Mehl hinzufügen und ständig rühren, bis eine braune Mehlschwitze entsteht. Dann Senf, Zucker und Essig einrühren und mit der Brühe aufgießen.

3

Die Sauce soll sämig, cremig und glatt sein, daher immer kräftig rühren. Mit Salz und Pfeffer würzen. Die Eier mit kaltem Wasser abschrecken, pellen und längs halbieren.

4

Die gegarten Kartoffeln abgießen und mit einem Kartoffelstampfer oder auf einer Küchenreibe grob zerkleinern. Mit Milch und Butter zu einem (groben) Brei schlagen, dann mit Salz und Muskatnuss würzen.

5

Je 4 Eierhälften auf einen vorgewärmten Teller legen. Mit der Mostrichsauce überziehen und mit der Petersilie bestreuen.

TIPP

Bei Bauer Lehmann in Berlin-Dahlem gibt es einen Frischeier-Automaten, der auch sonntags geöffnet hat.

Es gibt auch noch die richtigen »Kartoffelquetscher«, die die Kartoffeln grob zerkleinern, aber nicht zermusen.

MECK-POMM-GARNELEN UND LACHSTATAR MIT RÖSTBROT

Warum in die Ferne schweifen, wenn aus dem benachbarten Bundesland Mecklenburg-Vorpommern Cristalle Garnelen aus kontrollierter Aufzucht kommen? Viele Restaurants der gehobenen Gastronomie bieten diese Bio-Garnelen aus der Null-Kilometer-Zone bereits an.

SO GEHT'S AUCH
Das Lachstatar auf Rucola anrichten, mit Kirschtomaten garnieren und mit je 1 Garnele belegen. Die Röstbrote dazu reichen.

1

Den Dill waschen, zupfen und fein hacken. Den Lachs waschen, mit Küchenpapier trocken tupfen und mit einem scharfen Messer fein hacken. Den Lachs mit Dill, Zitronensaft und -schale sowie 1 EL Öl vermengen. Mit Salz und Pfeffer würzen und zum Marinieren in den Kühlschrank stellen.

2

In der Zwischenzeit das restliche Öl in einer großen Pfanne erhitzen und die Brotscheiben darin von jeder Seite knusprig anbraten. Dabei den Knoblauch zur Aromatisierung mitbraten. Das Brot auf Küchenpapier abtropfen lassen.

3

Die Butter in derselben Pfanne heiß aufschäumen und die Garnelen darin rundum 1–2 Minuten anbraten. Herausnehmen und mit Salz und Pfeffer würzen.

4

Tatar und Garnelen auf dem Röstbrot anrichten.

ZUTATEN FÜR 4 PERSONEN
- ½ kleines Bund Dill
- 400 g frischer Lachs (Sushi-Qualität)
- Saft und abgeriebene Schale von ½ Bio-Zitrone
- etwa 50 ml Olivenöl
- Meersalz
- frisch gemahlener Pfeffer
- 8 kleine Scheiben Vollkornbaguette
- 2 Knoblauchzehen, geschält
- 1 TL Butter
- 8 rohe Garnelen (etwa 300 g), geschält

ZUBEREITUNGSZEIT
30 Minuten, plus 20 Minuten Marinierzeit

HAVELZANDER
MIT DILLKARTOFFELN

ZUTATEN FÜR 4 PERSONEN
- 4 Scheiben Zanderfilet (à etwa 200 g)
- Saft von 1 Zitrone
- Meersalz
- frisch gemahlener Pfeffer
- 500 g kleine Kartoffeln, mit Schale gekocht
- 1 kleines Bund Dill
- 50 g Butterschmalz
- 2 EL Mehl
- 2 EL Butter

ZUBEREITUNGSZEIT
30 Minuten

In Berlin fließen Havel und Spree durch die Stadt. Die Havel entspringt in Mecklenburg-Vorpommern und strömt dann durch Brandenburg und Berlin. An welchem Ort der Zander wohl geangelt wurde? Immerhin läuft der über 300 Kilometer lange Fluss weiter nach Sachsen-Anhalt bis zur Mündung in die Elbe.

SO SCHMECKT ES AUCH

In Gourmetrestaurants wird »Zander auf der Haut gebraten« angeboten. Dazu die Zanderfilets mit Haut kaufen. Mit Salz und Pfeffer würzen und in der Pfanne langsam und ohne zu wenden auf der Haut braten. Das Fischfilet wird zart und glasig.

1

Die Fischfilets unter fließendem kaltem Wasser waschen und mit Küchenpapier trocken tupfen. Mit dem Zitronensaft beträufeln und mit Salz und Pfeffer würzen; beiseitestellen und ruhen lassen.

2

Die Pellkartoffeln schälen. Den Dill waschen, trocken schütteln und fein hacken.

3

Das Butterschmalz in einer Pfanne erhitzen. Die Fischfilets im Mehl wenden und auf der Hautseite in die Pfanne legen. Während der Bratzeit von etwa 10 Minuten etwas Butter in die Pfanne gleiten lassen und die Filets mehrmals wenden.

4

Parallel dazu die restliche Butter in einer weiteren Pfanne heiß aufschäumen und die Kartoffeln darin schwenken. Mit Salz und Pfeffer würzen und dann den Dill einschwenken.

5

Die Zanderstücke auf Teller verteilen und löffelweise mit dem Bratenfond überziehen. Die Dillkartoffeln daneben anrichten.

TIPP

Dazu schmeckt Schmorgurkengemüse (Rezept s. S. 104).

»HAUPTSTADTBARSCH«

Der gebürtige Berliner Florian Glauert ist Küchenchef im Fine-Dining-Restaurant *Duke* im *Hotel Ellington*. Seinen Kochstil bezeichnet er als »Cuisine logique«. Gemeint ist damit eine Küche, die aufregende Aromen, neue Horizonte und alte Werte vereint - also verschiedene Einflüsse miteinander verbindet, im Kern aber klar französisch definiert ist. Glauerts Küche erfindet Traditionen neu. Er präsentiert modern, verwendet hochwertige Produkte und setzt auf Liebe zum Detail. Dabei verliert er nicht aus dem Auge, dass in der Küche die Einfachheit der Schlüssel zur Perfektion ist.

1

Für den Barsch den Backofen auf 160 °C vorheizen. Den Fond in einem Topf aufkochen und bei mittlerer Hitze in etwa 20 Minuten auf 150 ml reduzieren. Die Kartoffeln waschen, auf ein Backblech geben und im Ofen in etwa 40 Minuten weich garen.

2

In der Zwischenzeit die Coco-Bohnen in Salzwasser in etwa 20 Minuten weich garen. Die Fische schuppen und filetieren. Den Speck würfeln.

3

Die grünen Bohnen putzen, in kochendem Salzwasser blanchieren, abgießen und mit kaltem Wasser abschrecken. Abtropfen lassen und in kleine Stücke schneiden. Die breiten Bohnen entsaften.

4

Die Kartoffeln aus dem Backofen nehmen und kurz abkühlen lassen. Halbieren und das Innere mit einem Löffel aus der Schale kratzen. In einer Schüssel mit dem Sauerkraut vermengen, mit Salz und Pfeffer würzen und zu kleinen Kugeln formen.

5

Die Kartoffelkugeln nacheinander in Mehl, verquirltem Ei und Paniermehl wenden. Den reduzierten Fond mit dem Bohnensaft aufkochen. Mit Salz, Pfeffer, Rohrzucker und Zitronensaft pikant abschmecken. Die Butterwürfel mit einem Stabmixer unterarbeiten.

6

Die grünen Bohnen mit Coco-Bohnen, Speck, Bohnenkraut und Senfsamen mischen und auf Teller verteilen. Das Öl in einem Topf erhitzen und die Kartoffelbällchen darin knusprig backen.

7

Etwas Öl in einer Pfanne stark erhitzen und die Filets darin kross braten. Je 2 Filets mit Bohnensud und einigen Kartoffelbällchen auf vier Teller legen. Mit violettem Senf und Shiso-Kresse servieren.

ZUTATEN FÜR 4 PERSONEN
Für den Barsch
- 500 ml Geflügelfond
- 8 violette Kartoffeln
- 50 g Coco-Bohnen
- Salz
- 4 Buntbarsche (à 500 g)
- 80 g Lardo (ital. Speck)
- 150 g grüne Bohnen
- 300 g breite Bohnen
- 50 g gekochtes Sauerkraut
- frisch gemahlener Pfeffer
- Rohrzucker
- Saft von 1 Zitrone
- 50 g kalte Butterwürfel
- 2 Bohnenkrautstängel
- 10 g eingelegte Senfsamen (gekauft)

Für die Panade
- Mehl
- 1 Ei, verquirlt
- Paniermehl

Zum Fertigstellen
- Pflanzenöl
- 20 g violetter Senf
- 1 Schale Shiso-Kresse

Außerdem
- Entsafter

ZUBEREITUNGSZEIT
1 ½ Stunden

RELOADED – BRATWÜRSTE »STOLZER HEINRICH«

Durch die vielen neuen Biere wiederentdeckt, denn Bier und Wurst sind eine super Kombi! Für dieses Gericht werden rohe Bratwürste verwendet, die zuerst angebraten und dann in Bier geschmort werden. Welches Bier – ob ein Craft-Bier aus den unzähligen Mikrobrauereien in Berlin, ob mit dunklem oder wie im Original mit hellem Bier – das ist reine Geschmackssache.

DAZU PASST
Mit Brot zum Stippen oder mit Kartoffelpüree servieren.

ZUTATEN FÜR 4 PERSONEN
- 4 rohe Bratwürste
- 1 große Zwiebel
- 100 g durchwachsener Räucherspeck
- 4 EL Pflanzenöl
- 500 ml helles Bier
- 2 Lorbeerblätter
- 5 Pfefferkörner
- Salz
- frisch gemahlener Pfeffer

ZUBEREITUNGSZEIT
35 Minuten

1

Die Bratwürste rundherum mehrmals einstechen und mit kochend heißem Wasser übergießen. Abtropfen lassen und mit Küchenpapier trocken tupfen.

2

Die Zwiebel schälen, halbieren und in Streifen schneiden. Den Speck klein würfeln und in einer sehr heißen beschichteten Pfanne anbraten, dann auf einem Teller beiseitestellen.

3

Das Öl in der Pfanne erhitzen und die Zwiebelstreifen darin glasig anschwitzen. Die Würste hineinlegen und rundum anbraten. Das Bier angießen, Lorbeerblätter und Pfefferkörner hinzufügen und die Flüssigkeit bei mittlerer Hitze etwa 10 Minuten einkochen. Die Würste aus der Pfanne nehmen und auf Teller verteilen.

4

Die Bier-Zwiebeln noch etwas einkochen. Dann die Lorbeerblätter entfernen und die Sauce mit Salz und Pfeffer abschmecken. Die gebratenen Speckwürfel unterziehen und den Bratsud löffelweise über die Bratwürste geben.

BEELITZER SPARGEL MIT EIERSAUCE

ZUTATEN FÜR 4 PERSONEN
Für den Spargel
- 2 kg frischer Spargel
- 1 Prise Salz
- 1 Prise Zucker
- 1 TL Butter
- 1 TL Zitronensaft

Für die Sauce
- 4 Eigelb
- 4 EL trockener Weißwein (am besten Silvaner)
- 100 g Butter, zerlassen
- Salz
- frisch gemahlener Pfeffer
- 1 TL Zitronensaft

Zum Garnieren
- 1 EL gehackte Petersilie

ZUBEREITUNGSZEIT
45 Minuten

Der Spargellieferant Nummer eins für Berlin ist das Gebiet rund um das brandenburgische Beelitz. In der Spargelsaison stehen an jeder Ecke in Berlin Spargelverkaufsstände, die nicht nur Spargel, sondern auch Kartoffeln, Erdbeeren und fertige Eiersauce im Tetra Pak verkaufen. Typische Beigaben zum Spargelgericht in Berliner Restaurants sind gebratene Schnitzel, aber vor allem reichlich Salzkartoffeln.

1

Für den Spargel die Stangen schälen, dabei holzige Stellen und die Enden abschneiden. In einem großen Topf reichlich Wasser zum Kochen bringen, dabei Salz, Zucker, Butter und Zitronensaft unterrühren. Die Spargelstangen in das kochende Wasser legen und bei mittlerer Hitze in 12–15 Minuten gar ziehen lassen.

2

In der Zwischenzeit für die Eiersauce die Eigelbe mit dem Wein in einer hitzebeständigen Schüssel über einem heißen Wasserbad cremig aufschlagen. Die Schüssel vom Wasserbad nehmen und die Butter teelöffelweise unter die Creme schlagen. Mit Salz, Pfeffer und Zitronensaft würzen.

3

Den gegarten Spargel abtropfen lassen, auf einer Servierplatte anrichten und mit der Petersilie bestreuen. Die Eiersauce dazu reichen.

TIPP

Gekochter oder roher Schinken passt sehr gut dazu und gibt dem Gericht eine würzige Note. Die Eiersauce schmeckt »gepimpt« mit ein paar Tropfen Worcestersauce noch besser.

BERLINER KÜCHE GANZ REGIONAL

Regionales und Saisonales erobert die Berliner Küchen. Immer mehr Küchenchefs, wie der Zwei-Sterne-Koch Sebastian Frank aus dem *Horváth*, schwören Edelprodukten wie Hummer und Entenstopfleber ab und setzen stattdessen auf Heimisches. Dabei ist Berlin beim Gemüse rübenlastig: Teltower Rübchen, Gatower Kugeln, Rote und Gelbe Beten, Schwarzwurzeln – in den eigenen Kindheitserinnerungen ein erdig-muffiger Graus. Doch da sorgen die jungen Wilden für neuen Wind. Dabei werden auch betagte, aber höchst effiziente Methoden der Zubereitung wie das Fermentieren wiederentdeckt und Rübe & Co. erhalten einen ganz anderen Stellenwert auf dem Teller. Andreas Rieger im *einsunternull* legt Kohlrabi milchsauer ein. Kohl, ein typisches Berliner Wintergemüse, ist wieder tischfein geworden. Im gänzlich der Regionalität verschriebenen *Nobelhart & Schmutzig*, Küchenmotto »brutal lokal«, holt Küchenchef Micha Schäfer die Kohlsuppe, natürlich anders als bei Oma, aus der Versenkung. Bei Matthias Gleiß aus dem *Volt* wird der

ALLES WURZEL –
BERLIN ISST
SAISONAL UND
REGIONAL

BERLINER KÜCHE GANZ REGIONAL

Zander von seinem langweiligen Image befreit, und es stehen vormals verschmähte Stücke wie der Lammnacken kombiniert mit Senfgurke, Grünkohl und Pastinake auf der Karte. Der Nacken wird natürlich gepökelt – eine andere Küchentechnik, die zunehmend wieder zu Ehren kommt.

Gerne arbeiten Spitzenköche wie Stephan Garkisch vom *Bieberbau* auch mit Kräutern und Gemüse aus dem eigenen Garten. Obwohl: Die Zeiten, als im Berliner Umland nichts Anständiges zu holen war, sind zum Glück längst vorbei. Und dabei muss man nicht unbedingt von Bauer zu Bauer fahren. So können auch kleine, feine Restaurationen wie das *Café der Gartenakademie* die Zutaten für ihre Frischeküche aus Berlin und der Region beziehen. Zur Saison werden bald an jeder zweiten Ecke an mobilen Ständen Beelitzer Spargel und

Erdbeeren aus Werder angeboten. Junge Unternehmen wie *Food Assembly* bieten etwa Bio-Produkte kleiner brandenburgischer Betriebe über eine Online-Plattform und auf Berliner Wochenmärkten an. Die *Wilde Gärtnerei* aus dem Barnim wiederum ist mit Gemüse, Kräutern, Obst und Saft in der *Markthalle Neun* vertreten. Das Linumer Wiesenkalb wächst in der naturbelassenen Niedermoorlandschaft Rhinluch rund um das Storchendorf Linum vor den Toren Berlins auf und ist inzwischen ein Qualitätsbegriff. Erstklassige Steaks vom Angusrind kommen von der *Bio Ranch Zempow,* Galloway und Charolais-Salers ebenso wie frisches Wild von *Gut Hesterberg.* Auch Fische wandern zunehmend aus brandenburgischen Gewässern in die Küchen der Hauptstadt – und damit ist längst nicht mehr nur der Havelzander gemeint. So züchtet Susanne Finsterer auf ihrem *Forellenhof Rottstock* nicht nur Forellen, sondern auch Störe und verarbeitet das ganze Tier bis hin zu brandenburgischem Kaviar. Selbst Italien ist inzwischen im Brandenburgischen angekommen: Der Büffelmozzarella von *Paolella* aus Kremmen steht seinen Verwandten vom Stiefel qualitativ in nichts nach.

IMMER MEHR SPITZENKÖCHE SETZEN AUF REGIONALE PRODUKTE

BERLINER KÜCHE GANZ REGIONAL

KARTOFFELPUFFER

ZUTATEN FÜR 4 PERSONEN
- 1 kg Kartoffeln
- 1 Zwiebel
- Salz
- 1 Ei
- 1–2 EL Mehl
- Butterschmalz

ZUBEREITUNGSZEIT
45 Minuten

Der »Alte Fritz« hat die Berliner quasi genötigt, jene fremde Knolle zu essen. Aber als sie den Geschmack der Kartoffel erst mal für sich entdeckt hatten, aßen sie alles nur noch mit Kartoffeln. Die Puffer sind eine schöne Variante der Kartoffel als Beilage.

VARIANTE: STECKRÜBEN-KARTOFFELPUFFER MIT BIRNENMUS
Halb Kartoffeln und halb Steckrüben verwenden. Mit etwas Mehl und 1–2 EL saurer Sahne vermischen.

Dazu schmeckt ein Birnenmus mit Koriander: 2 geschälte, entkernte und zerkleinerte Birnen mit gemahlenem Zimt und gemahlener Gewürznelke, 1 EL flüssigem Honig und etwas Wasser garen. Leicht pürieren und mit 1 EL gehacktem Koriandergrün vermengen.

1

Die Kartoffeln waschen, schälen und auf einer Küchenreibe reiben. Die Zwiebel schälen und ebenfalls reiben. Beides mischen und die Kartoffel-Zwiebel-Masse mit etwas Salz, Ei und Mehl vermengen. Dabei nur leicht kneten.

2

Reichlich Butterschmalz in einer Pfanne erhitzen. Die Kartoffel-Zwiebel-Masse portionsweise hineingeben und mit einem Löffelrücken platt drücken. Die kleinen Kartoffelpuffer von jeder Seite knusprig und goldbraun backen. Die fertigen Puffer bis zum Servieren im Backofen warm halten.

TIPP

Dazu isst der Berliner Apfelmus, streut oft noch Zucker darüber und trinkt eine Tasse Kaffee dazu. Es ist aber keine Süßspeise!

LINSEN-SPÄTZLE VOM KOLLWITZPLÄTZLE

Der Kollwitzplatz im Bezirk Prenzlauer Berg ist seit einigen Jahren eine beliebte Wohngegend von Bürgern aus Baden-Württemberg. In den Bäckereien kann es schon vorkommen, dass man Schrippen als »Weckle« verkauft. Und es sind auch schon Spätzle geflogen…

1

Für das Gemüse die Linsen mit kaltem Wasser waschen, in eine Schüssel geben und mit reichlich kaltem Wasser bedecken. Etwa 8 Stunden einweichen.

2

Die Linsen anschließend abgießen, mit kaltem Wasser waschen und mit etwa 1,5 l kaltem Salzwasser zum Kochen aufsetzen. Das Suppengemüse putzen, waschen, schälen und in kleine Würfel schneiden.

3

Das Gemüse mit Lorbeerblättern und Brühe in das Kochwasser rühren. Die Speckscheibe obenauf legen und die Linsen bei mittlerer Hitze in etwa 30 Minuten gar kochen.

4

In der Zwischenzeit die Zwiebel schälen und fein hacken. Die Butter in einem Topf heiß schäumend erhitzen und die Zwiebelwürfel darin glasig anschwitzen. Mit dem Mehl bestäuben und unter Rühren goldbraun anschwitzen.

5

Nach und nach Wein und Essig unter ständigem Rühren zugießen. Die Linsen mit dem Kochwasser dazugeben und alles bei mittlerer Hitze etwa 20 Minuten kochen. Mit Salz und Pfeffer würzen.

6

Währenddessen für die Spätzle die Zutaten mit den Knethaken des Handrührgeräts mit 400 ml Wasser zu einem zähflüssigen, aber noch geschmeidigen Teig verrühren. Reichlich Salzwasser in einem breiten Topf zum Kochen bringen.

7

Den Spätzleteig portionsweise in einen Spätzlehobel füllen und über dem kochenden Wasser schaben beziehungsweise hin- und herbewegen, bis der Teig in Bändern ins Wasser fällt.

8

Sobald die Spätzle an die Wasseroberfläche steigen, das Wasser erneut zum Sieden bringen. Dann die Spätzle mit einem Schaumlöffel herausheben und in eine mit einem Sieb ausgelegte Schüssel, die mit kaltem Wasser gefüllt ist, geben. Sobald der Topfinhalt »leer gefischt« ist, die Spätzle im Sieb mehrmals mit kaltem Wasser abschrecken und anschließend gut abtropfen lassen. Mit den Linsen anrichten.

ZUTATEN FÜR 4 PERSONEN
Für das Gemüse
- 500 g braune Linsen
- Salz
- 1 Bund Suppengemüse (Möhre, Sellerie, Lauch)
- 2 Lorbeerblätter
- 1 TL gekörnte Rinderbrühe
- 1 Scheibe durchwachsener Räucherspeck (etwa 100 g)
- 1 Zwiebel
- 2 EL Butter
- 1 EL Mehl
- 120 ml Rotwein (am besten Trollinger)
- 2 EL Rotweinessig
- frisch gemahlener Pfeffer

Für die Spätzle
- 500 g Mehl
- 6 Eier
- Salz

ZUBEREITUNGSZEIT
1 ½ Stunden, plus 8 Stunden Einweichzeit

TIPP

Mit ein paar Wiener Würstchen, die in dem Linsengemüse erwärmt werden, ist das Gericht komplett.

OCHSEN-SCHWANZ, GESCHMORT

»Quirlige Kreative im positiven Durcheinander«, so sieht Haya Molcho, die Begründerin der *Neni*-Restaurants, ihre Lebensdevise »Balagan«. Sie verbindet europäische mit nahöstlicher Küche und freut sich, wenn die Gäste gemäß ihrem »Share-Konzept« am Tisch alles teilen. Seit 2014 gibt es in Berlin ein *Neni* im Bikinihaus, und zwar im 10. Stock – und wer nach oben guckt, kann in Leuchtlettern lesen: »Life is beautiful«.

ZUTATEN FÜR 4 PERSONEN
- 1 kg Ochsenschwanz, in Stücke geschnitten
- 10 g Salz
- 5 g frisch gemahlener Pfeffer
- 50 ml Olivenöl
- 1 Flasche Rotwein (750 ml)
- 2 Thymianzweige
- 2 Lorbeerblätter

ZUBEREITUNGSZEIT
15 Minuten, plus 5 Stunden Kochzeit und mehrere Stunden Marinierzeit

SERVIERVORSCHLAG NACH HAYA MOLCHO
Zum Ochsenschwanz passen sehr gut Tarhonya (Eiergraupen), Bulgur und Süßkartoffel-Pommes. Am besten alles in der Tischmitte anrichten – so kann sich jeder nehmen, worauf er gerade Lust hat.

1
Die Ochsenschwanzstücke wegen eventueller Knochensplitter unter fließendem kaltem Wasser waschen. Gründlich trocken tupfen und in einer Schüssel mit Salz, Pfeffer und Öl vermengen. Mit Frischhaltefolie abdecken und einige Stunden marinieren.

2
Den marinierten Ochsenschwanz in einen Schmortopf geben und unter Rühren kräftig anrösten. Sobald das Fleisch eine goldbraune Farbe hat, mit dem Wein ablöschen.

3
Nach dem Aufkochen die Hitze reduzieren. Thymian und Lorbeerblätter zufügen. Das Fleisch bei schwacher Hitze etwa 5 Stunden sanft köcheln lassen, bis es sich von den Knochen löst. Bei Bedarf zwischendurch etwas Wasser nachgießen.

TIPP

Karamellisierte Schalotten (s. u.) zum Ochsenschwanz servieren.

KARAMELLI-SIERTE SCHALOTTEN

ZUTATEN FÜR 4 PERSONEN
- 800 g Schalotten, geschält und geviertelt
- 400 ml Balsamico-Essig
- 200 g Zucker
- 200 ml Portwein
- 50 ml Cognac oder anderen Weinbrand

ZUBEREITUNGSZEIT
30 Minuten

Alle Zutaten in einen Topf geben und unter Rühren aufkochen. Die Hitze reduzieren und die Schalotten bei schwacher Hitze etwa 15 Minuten sanft köcheln lassen.

LAMMNACKEN MIT PASTINAKE

Für das Fleisch
- 1 Möhre
- ¼ Sellerieknolle
- 1 Zwiebel
- 160 g Pökelsalz
- 5 Pimentkörner
- 5 Wacholderbeeren
- 1 TL Korianderkörner
- 1 TL helle Senfsamen
- 2 Sternanis
- 1,5 kg Lammnacken
- 1–2 EL Butterschmalz

Für die Sauce
- 6 Pastinaken
- etwa 500 ml Sojamilch
- Salz
- Cayennepfeffer
- 1–2 Spritzer Balsamico-Essig

Für das Püree
- 500 g Pastinaken
- 2 Zwiebeln
- ½ Sellerieknolle
- 30 g Nussbutter (hell gebräunte Butter)
- Salz
- Zucker
- Gemüsebrühe

Außerdem
- Vakuumiergerät
- Vakuumbeutel
- Entsafter

ZUBEREITUNGSZEIT
2 ½ Stunden,
plus 3 Tage Ruhezeit
und 14 Stunden
Kochzeit

Küchenchef Matthias Gleiß, der mit den Sterneköchen Heinz Winkler und Kurt Jäger zusammenarbeitete, zählt zu den Mitbegründern der Neuen Berliner Küche. In seinem Kreuzberger Gourmetrestaurant *Volt* setzt er mit Leidenschaft und Präzision die Vision einer regional inspirierten Küche mit höchstem Genusswert um.

DAZU PASST
Zu diesem Gericht passen Grünkohl und eine leichte Béchamelsauce.

1

Für das Fleisch Möhre und Sellerie gründlich waschen, schälen und klein schneiden. Die Zwiebel schälen und ebenfalls klein schneiden. Einen Topf mit 2 l Wasser zum Kochen aufstellen. Pökelsalz, Gewürze und Gemüse einrühren. Einmal aufkochen und anschließend vollständig auskühlen lassen. Das rohe Fleischstück 3 Tage in die Pökellake legen.

2

Den Lammnacken aus der Lake nehmen und gut abtropfen lassen. Fest in Frischhaltefolie wickeln, in einem Vakuumbeutel vakuumieren und bei 65 °C etwa 14 Stunden im Wasserbad garen.

3

Für die Sauce die Pastinaken waschen, schälen, entsaften und durch ein feines Sieb passieren. Den Pastinakensaft im Verhältnis 1:1 mit der Sojamilch aufgießen. Erhitzen und mit Salz, Cayennepfeffer und Essig abschmecken.

4

Für das Püree die Pastinaken waschen, schälen und in kleine Würfel schneiden. Zwiebeln und Sellerie ebenfalls schälen und würfeln. Das Gemüse auf einem Backblech mit der Butter vermischen und mit Salz und Zucker würzen. Im vorgeheizten Backofen bei 190 °C etwa 50 Minuten rösten, bis alles sehr dunkel gebräunt ist. Anschließend in einem Mixer etwa 5 Minuten pürieren. Nach Bedarf etwas Gemüsebrühe einträufeln.

5

Zur Fertigstellung das gegarte Fleisch abkühlen lassen, in Scheiben schneiden und in dem Butterschmalz anbraten. Das Fleisch auf vier Teller verteilen und mit Püree und Sauce anrichten.

BRANDENBURGER KÜRBISSUPPE MIT ORANGENDUFT

Alljährlich findet Anfang Oktober das Kürbisfest in der Schöneberger Akazienstraße statt. Das Herbstspektakel präsentiert dabei über 10.000 Kürbisse und etwa 20 Sorten von Erzeugern aus Brandenburg und »Meck-Pomm«. Zubereitet werden nicht nur Suppen, sondern auch Aufstriche, Marmeladen, Chutneys, Lasagne, Kuchen, Quiche und Sekt mit Kürbis.

ZUTATEN FÜR 4 PERSONEN

- 800 g Hokkaidokürbis mit Schale
- 1 Stück Ingwer (etwa 50 g)
- 1 kleines Bund Suppengemüse (Möhren, Sellerie, Lauch, Petersilie)
- 1 EL Butter
- Salz
- frisch gemahlener Pfeffer
- Cayennepfeffer
- 1 l Gemüsebrühe
- Saft und abgeriebene Schale von 1 Bio-Orange
- 150 g Sahne

ZUBEREITUNGSZEIT
50 Minuten

1

Den Kürbis halbieren, die Kerne entfernen und das Fruchtfleisch in etwa 2 cm große Stücke schneiden. Den Ingwer schälen und fein würfeln. Das Suppengemüse putzen, waschen, schälen und in kleine Würfel schneiden. Die Petersilienblättchen von den Stängeln zupfen, waschen, trocken tupfen, hacken und zum Garnieren beiseitelegen.

2

Die Butter in einem breiten Topf erhitzen, bis sie schäumt, und das Suppengemüse mit dem Ingwer darin etwa 2 Minuten andünsten. Die Kürbisstücke hinzufügen und alles weitere 3–4 Minuten dünsten. Mit Salz, Pfeffer und einem Hauch Cayennepfeffer würzen.

3

Den Topfinhalt mit der Brühe aufgießen und aufkochen, dann die Hitze reduzieren. Die Kürbisstücke etwa 15 Minuten garen.

4

Orangensaft und -schale zur Suppe geben und alles mit einem Stabmixer fein pürieren. Nach Belieben etwas gröbere Kürbisstücke in der Suppe belassen. Die Sahne zugießen und die Suppe nicht mehr kochen lassen. Abschmecken, mit der Petersilie garnieren und servieren.

TIPP

Damit der Kürbisgeschmack noch intensiver wird, die Kürbisstücke vor dem Anbraten im Kochtopf etwa 15 Minuten im Backofen garen.

WILDKRÄUTERSALAT »JWD« MIT NAVETTEN

ZUTATEN FÜR 4 PERSONEN
- 500 g kleine Frühlings-navetten
- 2 EL Olivenöl
- Salz
- frisch gemahlener Pfeffer
- 150 g gemischte Wild-kräuter vom Bio-Gärtner (Schafgarbe, Giersch, Löwenzahn, Sauerampfer)
- 50 g Walnusskerne
- 3 EL Walnussöl
- 2 EL Himbeeressig

ZUBEREITUNGSZEIT
30 Minuten

Auch wenn die Wildkräuter aus dem brandenburgischen Umland kommen, spart sich der Berliner die genaue Orts-beschreibung, indem er einfach sagt: »Das Grünzeug kommt von janzweit draußen« – eben JWD.

Berlin hat aber auch viele öffentliche Stadtgärten, die von Bürgern bewirtschaftet werden können, so zum Beispiel den Bürgergarten Moabit; hier findet »Urban Gardening« statt. »Det frische Jemüse« wird oftmals gemeinsam geerntet und gekocht. So auch die »Mairübe«, Navette genannt; sie ist geschmacklich und verwandt-schaftlich den Teltower Rübchen zuzuordnen.

DAZU PASST
Frisch geröstetes Brot aus dem Backofen dazu servieren – oder eine Stulle aus Berliner Landbrot, dick mit Butter bestrichen und mit Schnittlauch bestreut.

1
Die Navetten waschen, schälen, zuerst in Scheiben und dann in Stifte schneiden. Das Olivenöl in einer beschichteten Pfanne er-hitzen und die Rübchen darin rund-um etwa 5 Minuten dünsten. Mit Salz und Pfeffer würzen und bei-seitestellen.

2
Die Wildkräuter verlesen, wa-schen, etwas kleiner zupfen und gründlich abtropfen lassen. Die Walnusskerne fein hacken.

3
Das Walnussöl mit dem Himbeer-essig verrühren und vorsichtig mit den Wildkräutern vermengen. Das Ganze mit Salz und Pfeffer würzen.

4
Den Salat auf Teller verteilen und die Navetten darauf anrichten. Mit den gehackten Walnusskernen bestreuen und servieren.

TIPP

Die Navetten können auch roh verzehrt werden. Die Rübchen dazu einfach grob raspeln oder in feine Stifte schneiden.

PROST!

Meint der Berliner Bowle, so hat dies meist mit Bier zu tun. Allerdings nicht mit irgendeinem, sondern mit dem im 16. Jahrhundert von Hamburg nach Berlin gekommenen Weißbier. Ein schwach alkoholisches, obergäriges Bier, hergestellt aus Weizen- und Gerstenmalz, das in Berlin zum berühmten Getränk »Berliner Weiße« wurde. Lange Zeit wurde dieses Bier nicht gemischt, sondern pur getrunken, manchmal mit Korn oder Kümmelschnaps, dann hieß es: »Jib mir mal ne Weiße mit Strippe.«

Dann fingen die Berliner Brauer Anfang des 19. Jahrhunderts damit an, dem Bier Kräuter beizugeben, vornehmlich Waldmeister. Sieht man heute noch die grünen oder orange-rötlichen Biere in den bauchigen Biergläsern – Weißbierschalen mit Stiel und breitem Fuß –, so sind dies die Fortsetzungen der frühen Versuche von Biermischungen.

Für das grüne Bier werden 20 ml Waldmeistersirup in ein Glas gegeben und mit Berliner-Weiße-Bier aufgefüllt. Für die rote Variante wird Himbeersirup mit Bier aufgefüllt. Klassisch gibt es dazu einen Strohhalm. Auch andere Geschmacksrichtungen wie schwarze Johannisbeere, Sauerkirsche und Holunderblüte werden angeboten, jedoch nicht mit dem Erfolg wie die beiden Klassiker. Steht in der Getränkekarte »Fliegender Holländer«, so wird Apricotlikör mit Bier aufgefüllt, oder »Spezial«, dann geht es um Rotwein und Zitronensaft. Und wie heißt es so schön? »Janz Berlin is eene Kneipe.« Die Beliebtheit der Berliner Weiße rührt auch daher, dass sie mit 2,8 Prozent einen geringen Alkoholgehalt hat und dadurch süffig zu trinken ist. In den Flaschen findet eine zusätzliche natürliche Nachgärung statt.

BERLINER-WEISSE-BOWLE MIT ERDBEEREN

ZUTATEN FÜR 4–6 PERSONEN
- 250 g aromatisch-süße Erdbeeren
- 2 EL Zucker
- 100 ml Weinbrand
- 4–6 Flaschen Berliner Weiße (à 0,33 l)

ZUBEREITUNGSZEIT
10 Minuten,
plus 2 Stunden
Kühlzeit

Rezepte von Berliner Bierbowlen gibt es viele, mit Zucker oder Kräutern, mit Gewürzen wie Ingwer und Muskatnuss, mit Wein oder Branntwein.

1

Die Erdbeeren waschen, von den Stielen befreien und je nach Größe halbieren oder vierteln. In einer Schüssel mit dem Zucker bestreuen und mit dem Weinbrand begießen. Die Schüssel luftdicht verschließen und die Erdbeeren im Kühlschrank etwa 1 Stunde ziehen lassen.

2

Anschließend 1 Flasche Bier darübergießen und alles nochmals 1 Stunde gekühlt ziehen lassen.

3

Zum Servieren die »beschwipsten« Erdbeeren mit dem restlichen, gut gekühlten Bier aufgießen. Dazu Bowlegläser oder Berliner-Weiße-Gläser bereitstellen.

SÜSSES
ZUM KAFFEE

CHILLIGE SCHOKO-KÜCHLEIN MIT EIERLIKÖR

ZUTATEN FÜR 8 PERSONEN
- 100 g weiche Butter, plus etwas mehr für die Förmchen
- 150 g Mehl, plus etwas mehr für die Förmchen
- 3 Eier, getrennt
- 1 Prise Salz
- 100 g Zucker
- 1½ EL ungesüßtes Kakaopulver
- 2 Prisen Chiliflocken
- 1 TL Backpulver
- 100 g gemahlene Haselnüsse

Zum Garnieren
- 200 g Sahne, geschlagen
- Eierlikör zum Beträufeln
- Schokostreusel (nach Belieben)

ZUBEREITUNGSZEIT
50 Minuten

Ein Gläschen Eierlikör passt zum Nachmittagskaffee immer. Hier ein Rezept, bei dem die Wahl darin besteht, die Schoko-Küchlein backfrisch mit Schlagsahne und Eierlikör zu genießen oder die süßen Teile vom Vortag aufzuschneiden, leicht zu zerbröseln und mit Eierlikör-Schlagsahne in Gläser zu schichten. Das ist ein prima Dessert, wenn Gäste kommen.

1

Den Backofen auf 180 °C vorheizen und acht ofenfeste Förmchen (à 100 ml) oder Tassen mit Butter einfetten und mit Mehl ausstäuben. Die Eiweiße mit dem Salz steif schlagen.

2

Die Eigelbe mit Zucker, Butter, Kakao- und Chiliflocken 2–3 Minuten cremig rühren. Nach und nach Mehl, Backpulver und Haselnüsse unterrühren. Zuletzt den Eischnee unterheben.

3

Den Teig in die vorbereiteten Förmchen füllen und diese auf ein Backblech stellen. Im heißen Backofen etwa 25 Minuten backen.

4

Nach dem Backen leicht abkühlen lassen und zum Servieren auf Teller stellen. Die Küchlein mit der Schlagsahne bedecken und den Eierlikör nach Geschmack darüberträufeln. Nach Belieben mit Schokostreuseln bestreuen.

AMERIKANER

Zur Namensgebung dieser süßen Berliner Spezialität gibt es verschiedene Theorien. Ob nun die G.I.s diese handlichen Gebäckstücke gerne gegessen haben oder, was eher naheliegt, sich der Name vom Backtriebmittel Ammoniumhydrogencarbonat ableitet, das den typischen Geschmack hervorrief, ist ungewiss. In der DDR hießen diese mit Fondant überzogenen handlichen Dinger deshalb auch »Ammonplätzchen«.

1

Für den Teig Butter, Salz, Zucker, Vanillezucker und Eier in einer Schüssel mit dem Handrührgerät in einigen Minuten cremig schlagen. Rum und Milch einrühren.

2

Mehl und Backpulver mischen, darübersieben und alles zu einem eher festen Teig verrühren, sodass dieser schwer vom Löffel reißt. Den Backofen auf 200 °C vorheizen und zwei Backbleche mit Backpapier auslegen.

3

Auf jedes Backblech mithilfe eines Esslöffels sechs Teigportionen setzen und dabei auf genügend Abstand dazwischen achten (beim Backen gehen die runden Teigportionen leicht auseinander).

4

Ein Backblech in den heißen Backofen schieben und die Amerikaner darin 10–12 Minuten backen. Herausnehmen und das zweite Backblech in den Ofen schieben. Die gebackenen Teigstücke auf einem Kuchengitter abkühlen lassen.

5

In der Zwischenzeit für die Glasur den Puderzucker mit dem Zitronensaft glatt und ohne Klümpchen verrühren und die Amerikaner auf der flachen Unterseite mit der Glasur überziehen. Gründlich trocknen lassen.

ZUTATEN FÜR 12 STÜCK
Für den Teig
- 150 g weiche Butter
- 1 Prise Salz
- 150 g Zucker
- 1 Pck. Vanillezucker
- 2 Eier
- 1 EL Rum oder etwas Zitronensaft
- 3 EL lauwarme Milch
- 300 g Mehl
- ½ Pck. Backpulver

Für die Glasur
- 150 g Puderzucker
- 2–3 EL Zitronensaft

ZUBEREITUNGSZEIT
40 Minuten, plus Trockenzeit

LIEBESKNOCHEN MIT GEDÖNS

ZUTATEN FÜR ETWA
12 STÜCK

Für den Brandteig
- 150 ml Milch
- 1 EL Zucker
- Salz
- 100 g Butter
- 150 g Mehl
- 4 Eier

Für die Füllung
- 1 Pck. Vanillepudding-pulver
- 250 ml Milch
- 5 EL Zucker
- 2 EL lösliches Kaffee-pulver
- 200 g Sahne

Für den Überzug
- 200 g Puderzucker
- 2 EL Kakaopulver
- 1 EL Butter, zerlassen

ZUBEREITUNGSZEIT
1 Stunde 20 Minuten

TIPP

Um nicht zu lange suchen zu müssen: In anderen Bundesländern werden diese Eclairs auch unter den Namen »Kaffeestange« oder »Hasenpfote« angeboten.

Die Hugenotten ließen kulinarische Souvenirs zurück – diese französischen Eclairs tauften die Berliner kurzerhand in »Liebesknochen« um. Und wenn in Berlin um eine Sache viel Wind gemacht wird, dann heißt es »Gedöns«. Diese Liebesknochen verlangen viel Gedöns bei der Herstellung.

1

Für den Brandteig Milch, Zucker, Salz, Butter und 150 ml Wasser aufkochen. Den Topf vom Herd ziehen und das Mehl auf einmal einrühren. Den Topf auf den Herd zurückstellen und den Teig mit einem Holzlöffel so lange schlagen, bis er sich als Kugel vom Boden löst. Den Topf vom Herd nehmen und 1 Ei unter den Teig rühren. Sobald dieses vollständig aufgenommen wurde, dasselbe mit den restlichen Eiern wiederholen.

2

Den Backofen auf 200 °C vorheizen und ein Backblech mit Backpapier auslegen. Den Teig portionsweise in einen Spritzbeutel mit gezackter Tülle füllen und etwa zwölf lange Streifen von je etwa 10 cm Länge auf das Blech spritzen.

3

Das Backblech auf mittlerer Schiene in den heißen Backofen schieben und die Teigstreifen in etwa 30 Minuten goldgelb backen. Herausnehmen und auf einem Kuchengitter abkühlen lassen.

4

In der Zwischenzeit für die Füllung das Puddingpulver mit 3 EL Milch glatt rühren. Die restliche Milch mit Zucker und Kaffeepulver aufkochen. Das angerührte Puddingpulver etwa 1 Minute einrühren, bis eine feste Masse entstanden ist. Vom Herd nehmen und abkühlen lassen.

5

Die Sahne steif schlagen. Den kühlen Pudding nochmals aufschlagen und die Sahne unterrühren. Die Teigstreifen seitlich längs ein-, aber nicht durchschneiden. Die Creme in einen Spritzbeutel füllen und in die Teigöffnungen spritzen.

6

Für den Überzug den Puderzucker mit Kakaopulver und Butter cremig rühren. Die Liebesknochen mit einem Löffel in Fäden mit der Mischung überziehen und diese trocknen lassen.

KÄSEKUCHEN AUS POTSDAM UND BERLIN

ZUTATEN FÜR 1 SPRINGFORM
À 26 CM DURCHMESSER
- 250 g weiche Butter, plus etwas mehr für die Form
- 3 Eier, getrennt
- 250 g Zucker
- 2 Pck. Vanillepuddingpulver
- ½ Pck. Backpulver
- 1 kg Quark (500 g 40 % Fettgehalt und 500 g 20 % Fettgehalt)
- Saft und abgeriebene Schale von ½ Bio-Zitrone
- Puderzucker zum Bestäuben (nach Belieben)

ZUBEREITUNGSZEIT
1 Stunde 10 Minuten, plus 3 Stunden Kühlzeit

In Berlin und Potsdam gibt es Cafés, die ausschließlich Käsekuchen servieren. In Potsdams Holländischem Viertel hat das *Café Guam* täglich etwa 13 Sorten vorrätig, beispielsweise mit Mohn, Heidelbeeren, Nougat oder klassisch nach Berliner Art mit Rosinen. In Berlin gibt es unter anderem das *Café Dreikäsehoch*, das sich der Zubereitung von Käsetorten verschrieben hat. Wie sagt Bäcker Thomas Neuendorff aus Teltow? »Die machen nicht dick, sondern glücklich.«

SO SCHMECKT ES AUCH
Nach Berliner Art Rosinen unter den Teig mischen. Dazu 100 g Rosinen entweder 30 Minuten in heißem Wasser einweichen oder mit 2–3 EL Rum beträufeln und ziehen lassen.

1
Den Backofen auf 180 °C vorheizen und eine Springform mit Butter einfetten.

2
Die Eiweiße zu steifem Schnee schlagen. Butter, Zucker und Eigelbe cremig rühren. Nacheinander Puddingpulver, Backpulver, Quark sowie Zitronensaft und -schale unterrühren. Zuletzt den Eischnee unterheben.

3
Die Kuchenmasse in die Springform füllen und glatt streichen. In den heißen Backofen schieben und etwa 1 Stunde backen. Sollte der Kuchen auf der Oberfläche zu schnell bräunen, in den letzten 20 Backminuten mit Alufolie abdecken.

4
Den Kuchen mindestens 1 Stunde bei Zimmertemperatur in der Form abkühlen lassen. Dann für etwa 2 Stunden in den Kühlschrank stellen und erst danach anschneiden. Nach Belieben mit Puderzucker bestäuben.

SÜSSES
BERLIN

DIE HAUPTSTADT
LIEBT BERLINER LUFT
UND KALTEN HUND

Vor ein paar Jahren versuchten findige
Geschäftemacher, Berliner Luft abzu-
füllen und gewinnträchtig zu verkaufen.
Eigentlich hätten Juristen erst prüfen
müssen, ob dieser Name überhaupt verwendet werden darf, war er doch schon
längst anderweitig besetzt: von dem
Gassenhauer »Das ist die Berliner Luft,
Luft, Luft« und einer gleichnamigen Süßspeise aus dicker Eiercreme und roten
Beerenfrüchten. Doch im Gegensatz zum
Berliner Baumkuchen, dessen Rezeptur
von einem Kaminkehrer aus dem Brandenburgischen nach Berlin gebracht worden
sein soll, und der in Konditoreien wie
dem *Café Buchwald* oder der Ex-Hofkondi-
torei *Rabien* ein Berliner Wahrzeichen
geworden ist, hat sich die süße Luft
praktisch verflüchtigt. Dem Kalten Hund,
einem geschichteten Kuchen aus Keksen,
Kokosfett und Schokolade, geht es etwas besser. Er taucht immer wieder auf,
wird in der *Chocolaterie Catherine* in
Köpenick gar in verschiedensten Varianten gehegt und gepflegt.

Coffee), Nico Müller (Nicos Süßes Atelier) oder Stephan Zuber und Anna Plagens (Du Bonheur) die süße Lust neu entfacht. Amerikanisches Gebäck wie Bagels, Brownies und New York Cheesecake bringt Cynthia Barcomi unters Volk, unterstützt von der Cupcake-Fraktion. Doch es sind auch hier lange bekannte Naschereien wie Windbeutel, die im appetitlichen Miniformat neue Zielgruppen erobern.

Schokolade und Pralinen sind keine hiesigen Erfindungen, tragen aber, weil aufwendig per Hand hergestellt, zum süßen Gesamteindruck der Stadt bei. Rausch Schokoladenhaus am Gendarmenmarkt, das größte Schokoladenhaus der Welt mit Schokoladengeschäft, -café und -restaurant, ist ein Muss für Naschkatzen. Und Berlin is(s)t auch Marzipan. Der in den 1940er-Jahren eröffnete Marzipanladen Wald Königsberger Marzipan mit seinem geflämmten Marzipan nach einem über 100 Jahre alten Familienrezept darf schon zur hiesigen Konditorkultur gezählt werden.

Typisch Berlin und ein Muss in der Silvesternacht ist der Pfannkuchen. So heißt das mit Marmelade gefüllte und mit Puderzucker oder Zuckerglasur getoppte Schmalzgebäck – und nicht Krapfen oder Berliner, wie es Nicht-Berliner zu wissen glauben. Ab und zu wird der Pfannkuchen hübsch klein vom Patisserie-Nachwuchs angeboten. Nicht aber in traditionellen Berliner Bäckereien und Konditoreien, da bleibt er handtellergroß. In Berlins ältester Bäckerei, der Bäckerei und Konditorei Siebert in Prenzlauer Berg, gibt es Pfannkuchen mit Eierlikörcreme sogar das ganze Jahr über.

Abseits der alteingesessenen Geschäfte haben junge und kreative Zuckerbäcker wie Guido Fuhrmann (Werkstatt der Süße), die Deutsche Schokoladenmeisterin Sabine Dubenkropp (Confiserie Mélanie), Stephanie Albrecht (Albrechts Cake &

BERLIN ISST SÜSS –
ABER NENNE NIE
EINEN PFANNKUCHEN
BERLINER!

Berlin schon im Namen haben die Berliner Waldmeisterblätter, auch Maiblätter genannt, die in der *Bonbonmacherei* auf alten Maschinen und nach Rezepturen wie vor 100 Jahren vor interessierten Zuschauern hergestellt werden. Junge »süße Wilde« wie die *Naschpiraten* wiederum vertreiben fantasievolle Fruchtgummis wie »Hinter schwedischen Gardinen« oder »Mord im englischen Wald«.

Ein Gebäck haben sich die Berliner zu eigen gemacht, auch wenn es in Brandenburg erfunden wurde: Mitte des 19. Jahrhunderts kreierte der Konditormeister und Pfefferküchler Gustav Louis Zietemann den Eberswalder Spritzkuchen, ein Brandteiggebäck mit Puderzuckerguss, den er an der 1842 eröffneten Bahnstrecke Berlin-Stettin mit einem lauten »Eeeeberswalder Spriiiitzkuuuuuchen«-Ruf verkaufte. In vielen Berliner Backstuben ist er ein Klassiker – einfach, aber gut, und dadurch im Zeitgeist.

BIENENSTICH VOM BLECH

ZUTATEN FÜR 1 BACKBLECH
Für den Teig
- 500 g Mehl, plus etwas mehr für die Arbeitsfläche
- 1 Hefewürfel (42 g)
- 100 g Zucker
- 250 ml lauwarme Milch
- 100 g weiche Butter
- 2 Eier
- Salz

Für den Belag
- 150 g Butter
- 180 g Zucker
- 1 Pck. Vanillezucker
- 150 g Mandelblättchen
- 5 EL Milch

Für die Füllung
- 500 ml Milch
- 1 Pck. Vanillepuddingpulver
- 1 Prise Salz
- 50 g Zucker
- 150 g Butter, zerlassen

ZUBEREITUNGSZEIT
1 Stunde, plus
50 Minuten Ruhezeit

Keine Bäckerei, keine Konditorei, kein Backshop und Café ohne den allseits beliebten Hefekuchen vom Blech, der in der Haptik durch saftigen Teig, knusprigen Belag und schmeichelnde Cremefüllung besticht. Apropos »Stich«: Man könnte meinen, dass die Namensgebung für den aromatisch-süßen Kuchen durch die Anziehung der Bienen entstanden ist. Historisch gesehen ist es allerdings nur ein Teil der Wahrheit, der zufolge der Kuchen zu Ehren zweier Bäckerlehrlinge gebacken wurde, die Angreifer ihrer Stadt mit Bienennestern bewarfen. Hauptsache, der Kuchen schmeckt.

1

Für den Teig das Mehl in eine Schüssel sieben und eine Mulde in die Mitte drücken. Die Hefe zerbröseln und hineingeben, mit Zucker bestreuen, mit Milch begießen und mit Mehl vom Rand bestäuben. Diesen Vorteig abgedeckt 20 Minuten gehen lassen.

2

Die Masse mit Butter, Eiern und Salz zu einem geschmeidigen Teig verkneten und abgedeckt 20 Minuten ruhen lassen. Auf einer bemehlten Arbeitsfläche kurz durchkneten und etwa fingerdick ausrollen.

3

Den Backofen auf 200 °C vorheizen und ein tiefes Blech mit Backpapier auslegen. Den Teig auf dem Blech ausbreiten und mit einer Gabel mehrmals einstechen; 10 Minuten gehen lassen.

4

Inzwischen für den Belag Butter, Zucker und Vanillezucker in einem Topf unter ständigem Rühren er-

hitzen. Die Mandelblättchen unterziehen und die Milch einrühren. Den Topf vom Herd nehmen und die Masse kurz abkühlen lassen, dann auf der gesamten Teigfläche verteilen.

5

Das Blech in den heißen Backofen schieben und den Kuchen etwa 30 Minuten backen. Herausnehmen, kurz abkühlen lassen und in kleine Rechtecke schneiden.

6

Für die Füllung 4 EL Milch mit dem Puddingpulver glatt rühren. Die restliche Milch mit Salz und Zucker aufkochen und die Puddingmilch unterschlagen. Einmal aufkochen und den Topf vom Herd ziehen.

7

Die Butter unter kräftigem Schlagen unter den Pudding rühren. Die Kuchenstücke in der Mitte quer durchschneiden, mit Puddingcreme füllen und zu Schnitten zusammensetzen.

SCHUHSOHLEN MIT SCHLAG

In kleinen Familienbäckereien gibt es diese knusprig-golden gebackenen Teilchen, gefüllt mit ordentlich »Schlag«. Es sind jene Bäckereien, die teilweise auch Schrippen noch nach Gewicht und nicht stückweise verkaufen.

Dazu schmeckte früher die Tasse »Muckefuck« (dünner Milchkaffee), heute darf es auch ein Latte Macchiato oder ein hipper Dirty Chai (Chai Latte mit Espresso) sein.

SO GEHT'S AUCH
Zwischen Schlagsahne und Teigdeckel etwas mit Zimt gewürztes Apfelmus geben.

ZUTATEN FÜR 4 »DOPPEL-DECKER«
- 200 g Blätterteigscheiben (TK), aufgetaut
- 50 g Hagelzucker (grober Zucker)
- 1 Eigelb
- 2–3 EL Milch
- 400 g Sahne
- 2 Pck. Vanillezucker
- Zucker oder Puderzucker zum Bestäuben

ZUBEREITUNGSZEIT
30 Minuten

1

Den Backofen auf 200 °C vorheizen und ein Backblech mit Backpapier auslegen. Die Blätterteigscheiben mithilfe von Gläsern mit etwa 7 cm Durchmesser zu acht Kreisen ausstechen. Jeden Teigkreis auf der Arbeitsfläche auf etwas Hagelzucker legen und zu einer Schuhsohle ausrollen – kann auch wie eine Zunge aussehen.

2

Die länglichen Teigplatten auf dem Backblech verteilen. Das Eigelb mit der Milch verrühren und die Schuhsohlen damit bepinseln. Die Teigstücke auf mittlerer Schiene in den heißen Backofen schieben und in etwa 10 Minuten goldbraun und knusprig backen.

3

Die knusprigen Teigstücke auf der Arbeitsfläche auslegen. Die Sahne mit dem Vanillezucker steif schlagen und mit einem Spritzbeutel in beliebiger Form auf vier Schuhsohlen spritzen. Die restlichen Teigstücke daraufsetzen.

4

Die gefüllten Schuhsohlen mit Zucker bestreuen oder mit Puderzucker bestäuben.

PFANNKUCHEN MIT PFLAUMENMUS

Berliner oder Pfannkuchen – pralle, in Fett frittierte Hefeteigballen, die mit Pflaumenmus, Himbeergelee, Kirschmus, Schokolade, Apfelmus oder Eierlikör gefüllt sein können. An Silvester gibt es in Berlin den alljährlichen »Pfannkuchenlauf«, bei dem alle Läufer mit frisch gebackenen Pfannkuchen belohnt werden.

Eine Variante der Pfannkuchen sind die Kameruner: ein Fettgebäck aus Hefeteig, geformt zu einem Schleifenstrang, gebacken und mit viel Puderzucker bestäubt oder mit Glasur überzogen. Die Pfannkuchen wurden ursprünglich mehr auf der Westberliner Kaffeetafel und die Kameruner mehr auf der Ostberliner Kaffeetafel gereicht.

ZUTATEN FÜR 8-10 STÜCK

Für den Teig
- 500 g Mehl, plus etwas mehr für die Arbeitsfläche
- 1 Hefewürfel (42 g)
- 50 g Zucker
- 250 ml lauwarme Milch
- 100 g weiche Butter
- Salz
- abgeriebene Schale von ½ Bio-Zitrone
- 3 Eigelb

Für die Füllung
- 1 Glas Pflaumenmus oder Kirschgelee oder Eierlikör

Außerdem
- 1 l Pflanzenöl zum Frittieren
- Puderzucker zum Bestäuben oder Zucker zum Wälzen

ZUBEREITUNGSZEIT
1 Stunde, plus 2 Stunden Ruhezeit

1
Für den Teig das Mehl in eine Schüssel sieben und eine Mulde in die Mitte drücken. Die Hefe zerbröseln und hineingeben, mit Zucker bestreuen, mit Milch begießen und mit etwas Mehl vom Rand bestäuben. Die Butter in Flöckchen rundherum legen. Diesen Vorteig abgedeckt etwa 30 Minuten gehen lassen.

2
Den Vorteig mit Salz, Zitronenschale und Eigelben zu einem geschmeidigen Teig verkneten. Abgedeckt 1 Stunde gehen lassen. Anschließend den Teig auf einer bemehlten Arbeitsfläche kräftig durchkneten und dünn ausrollen.

3
Auf der Hälfte des Teiges mit einem Glas oder einer Tasse Kreise markieren. Jeweils in die Mitte der Kreise 1 TL Pflaumenmus geben und die zweite Teighälfte darüberschlagen. Die gefüllten Teigkreise wiederum mit dem Glas oder der Tasse umschließen und ausschneiden oder ausstechen; die Ränder fest andrücken.

4
Die gefüllten Teigballen umdrehen, auf eine bemehlte Arbeitsfläche legen, mit einem Tuch abdecken und etwa 30 Minuten ruhen lassen (sie sollten sich deutlich vergrößern beziehungsweise aufgehen).

5
Das Öl auf etwa 180 °C heiß siedend erhitzen. Die Pfannkuchen portionsweise hineinlegen und schwimmend von beiden Seiten goldbraun und knusprig backen. Zum Abtropfen in ein Sieb geben. Sofort dick mit Puderzucker bestäuben oder in Zucker wälzen.

KALTER HUND

ZUTATEN FÜR 1 KASTENFORM
À 25 CM LÄNGE

- 375 g Sahne
- 3 gestrichene EL Zucker
- 1 winzige Prise Salz
- 500 g weiche Butter
- 600 g dunkle Kuvertüre
- 150 g Nougat
- 100 ml Milch
- 1 Packung Butterkekse
- Kakaopulver zum Bestäuben

ZUBEREITUNGSZEIT
30 Minuten, plus
2 Stunden Kühlzeit

Altes Zollhaus, *Aigner am Gendarmenmarkt* und *Rotisserie Weingrün* – in diesen Restaurants kocht der Gastronom Herbert Beltle gehobene Berliner Küche. »Was ich an der Berliner Küche so mag, ist ganz einfach erklärt: Auch wenn die Berlin-Kampagne sagt, dass sich Berlin immer wieder neu erfindet, so ist die typische Berliner Küche doch bodenständig und zurückhaltend – und das mag ich so!« (O-Ton Herbert Beltle, Besitzer der oben genannten Lokale.)

SO GEHT'S AUCH
Beim »Kalten Hund« fließt die Creme auch an die Außenseiten, sodass es nicht nötig ist, den Kuchen zusätzlich zu glasieren. Die aufgeschnittenen Scheiben mit Schlagsahne dekorieren und nach Belieben Pflaumenkompott dazu servieren oder mit Schlagsahne und Minibutterkeksen dekorieren.

1
Sahne, Zucker und Salz in einen Topf geben und aufkochen. Sofort von der Herdplatte nehmen, dann Butter, Kuvertüre und Nougat zugeben.

2
So lange rühren, bis sich die Schokolade vollständig aufgelöst hat. Die Mischung etwas abkühlen lassen und die Milch einrühren, bis eine glatte, glänzende Masse entstanden ist.

3
Eine Kastenform mit Backpapier auslegen und den Boden der Form mit Keksen bedecken. Darauf einen Teil der Creme geben und abwechselnd mit Keksen einschichten. Mit Keksen abschließen und die Oberfläche mit Backpapier abdecken. Den Kuchen für mindestens 2 Stunden zum Härten in den Kühlschrank stellen. Anschließend den »Kalten Hund« stürzen, in dicke Scheiben schneiden und mit Kakaopulver bestäuben.

BERLINER LUFT MIT HIMBEEREN

Für Touristen gibt es »Berliner Luft« (luftdicht) in Dosen zum Mitnehmen. Es handelt sich dabei nicht um die Dessertcreme, sondern um die musikalische Liebeserklärung an Berlin, die Paul Lincke 1904 in Form des berühmten Liedes »Das ist die Berliner Luft, Luft, Luft, so mit ihrem holden Duft, Duft, Duft …« komponierte. Die Süßspeise gab es schon lange zuvor; der Name leitet sich von den luftig geschlagenen Eiern ab, die vor ewigen Zeiten ohne Gelatine zubereitet wurden.

FÜR 4 PERSONEN
- 2 Blätter weiße Gelatine
- 2 Eier
- 2 EL Zucker
- 1 Pck. Vanillezucker
- Saft von ½ Zitrone
- 50 ml trockener Weißwein oder Apfelsaft
- 200 g Himbeeren
- 1 EL Himbeersirup

Zum Garnieren
- Minzeblättchen (nach Belieben)

ZUBEREITUNGSZEIT
30 Minuten, plus
2 Stunden Kühlzeit

1
Die Gelatineblätter für etwa 5 Minuten in etwas kaltem Wasser einweichen, dann ausdrücken. Die Eier trennen und die Eiweiße zu steifem Schnee schlagen. Bis zum Gebrauch in den Kühlschrank stellen.

2
Die Eigelbe mit Zucker, Vanillezucker und Zitronensaft cremig rühren. Den Wein leicht erhitzen und die Gelatine unter Rühren darin auflösen. Langsam unter die Eigelbcreme rühren, bis alles gut vermischt ist.

3
Die Eigelbcreme zum Abkühlen kurz in den Kühlschrank stellen – und erst dann den Eischnee unterziehen. Die Creme in vier Dessertschalen füllen und zum Erkalten für etwa 2 Stunden in den Kühlschrank stellen.

4
Zum Servieren die Himbeeren verlesen, waschen und die Hälfte davon beiseitestellen. Die restlichen Früchte mit 2–3 EL Wasser und Himbeersirup mit dem Stabmixer pürieren und durch ein Sieb streichen. Die Creme in den Schälchen mit dem Himbeerpüree beträufeln und mit Himbeeren und nach Belieben mit Minzeblättchen garnieren.

TIPP

Anstelle von frischen Himbeeren können auch TK-Himbeeren verwendet werden, und wer keinen Himbeersirup hat, ersetzt ihn einfach durch Zucker und etwas mehr Wasser.

WERDERSCHE ROTE GRÜTZE MIT EIERLIKÖRPARFAIT

ZUTATEN FÜR 4 PERSONEN
Für das Parfait
- 250 g Sahne
- ½ Pck. Vanillezucker
- 2 Eigelb
- 1 Ei
- 50 g Zucker
- 1 Msp. gemahlener Zimt
- 5 EL Eierlikör

Für die rote Grütze
- 800 g gemischte rote Früchte (Süß- und Sauerkirschen, Erdbeeren, Heidelbeeren, Himbeeren)
- 100 ml Johannisbeersaft
- 50 g Zucker
- 1 EL Speisestärke
- 3 EL Rotwein
- 1 TL Puderzucker

ZUBEREITUNGSZEIT
45 Minuten, plus 6 Stunden Gefrier- und Kühlzeit

Der kleine Ort Werder, gleich hinter Potsdam, südwestlich vor den Toren Berlins, ist bekannt für das alljährlich stattfindende (Kirsch-)Baumblütenfest. Was liegt für den Berliner näher, als seine persönliche Werder-Blüte zu feiern – mit roter Grütze und einem Eierlikörchen.

1
Für das Parfait die Sahne in einer Schüssel mit dem Vanillezucker steif schlagen und in den Kühlschrank stellen. Eigelbe, Ei und Zucker in einer hitzebeständigen Schüssel über einem heißen Wasserbad mit einem Schneebesen schlagen, bis eine homogene Creme entsteht.

2
Die Schüssel vom Topf nehmen und die Creme kalt schlagen. Langsam Zimt und Eierlikör unterziehen, dann die kalte Schlagsahne unterheben. Die Creme für etwa 3 Stunden in das Gefrierfach stellen.

3
Für die rote Grütze Kirschen und Beeren waschen. Johannisbeersaft und Zucker in einem Topf unter Rühren aufkochen. Etwa 600 g gemischte Früchte einrühren und alles 3–4 Minuten sprudelnd kochen lassen. Die Speisestärke mit dem Wein glatt rühren und unter die Früchtemischung mengen. Nur kurz aufkochen, bis die Grütze andickt.

4
Die restlichen Früchte unter die Grütze ziehen und alles auf vier Portionsschalen oder tiefe Teller verteilen. Bei Zimmertemperatur abkühlen lassen, dann mit dem Puderzucker bestäuben, mit Frischhaltefolie abdecken und zum Kühlen für 3 Stunden in den Kühlschrank stellen.

5
Vor dem Servieren das Parfait etwa 15 Minuten antauen lassen. Mit einem Löffel oder Eisportionierer Nocken oder Kugeln ausstechen und auf den Rote-Grütze-Portionen verteilen.

BERLINER-WEISSE-PRALINEN MIT HIMBEERSCHUSS

ZUTATEN FÜR 40 PRALINEN
Für das Himbeergelee
- 150 g Himbeerpüree
- 150 g Zucker
- 4 g Pektin
- 40 g Glukosesirup
- 1-2 Spritzer Limettensaft

Für die Sauerbierganache
- 90 ml Sauerbier
- 60 g Glukosesirup
- 33 g Sahne
- 200 g weiße Schokoladentropfen »Zéphyr« (Cacao Barry; falls nicht erhältlich, mit grob gehackter weißer Kuvertüre ersetzen)
- 1 Tropfen Bieraroma (nach Belieben)
- 1-2 Tropfen Limettensaft (nach Belieben)
- 50 g Butter

Zum Fertigstellen
- 40 Schokoladenhohlkörper (Pralinenformen)
- 200 g Zartbitterkuvertüre, geschmolzen

ZUBEREITUNGSZEIT
2 Stunden, plus Abkühl- und Ruhezeiten

Sabine Dubenkropp hat sich dem süßen Leben verschrieben. Seit 2008 ist sie Inhaberin der *Confiserie Mélanie* in Charlottenburg und verzaubert mit ihren über 70 Sorten Pralinen: von Steinpilz-Olive über Curry und gesalzene Erdnuss bis hin zu den beliebten Klassikern Pannacotta und Berliner Weiße. Wer mehr über die Pralinenherstellung lernen will, kann bei Frau Dubenkropp auch einen Pralinenkurs besuchen.

1

Für das Himbeergelee das Himbeerpüree mit 100 g Zucker aufkochen. Den restlichen Zucker mit dem Pektin vermengen, in die Püree-Zucker-Mischung rühren und erneut aufkochen.

2

Den Glukosesirup hinzufügen und alles langsam auf 106 °C erwärmen. Nach dem Aufkochen den Limettensaft zugeben. Auf Silikonmatten ausgießen, glatt streichen, erkalten lassen und im Durchmesser der Schokoladenhohlkörper mithilfe eines Ringes kleine Kreise ausstechen.

3

Für die Sauerbierganache Bier, Glukosesirup und Sahne aufkochen und über die Schokoladentropfen gießen. Nach Belieben Bieraroma und / oder Limettensaft zugeben. Eine glatte Emulsion herstellen, diese abkühlen lassen und die Butter mit dem Stabmixer einarbeiten.

4

Die Pralinenhohlkörper mit etwas Zartbitterkuvertüre ausgießen und trocknen lassen. Dann die Sauerbierganache mithilfe eines Spritzbeutels einfüllen, das Himbeergelee vorsichtig daraufsetzen und die Schokoladenformen mit der restlichen Zartbitterkuvertüre verschließen.

TIPP

Frau Dubenkropp dekoriert die gefüllten Pralinen, indem sie einen Schokoladenaufstrich daraufpinselt, diesen mit Himbeercrispies bestreut und die Pralinen mit Pinkmetallic-Puder verziert.

PARTY-HUNGER & MITTERNACHTS-HAPPEN

CHILI-GRIEBEN-SCHMALZ

Ein unregelmäßig geformtes Brötchen, das früher aus halb Roggen- und halb Weizenmehl gebacken wurde, war auch unter den Namen »Salzkuchen« und »Schusterjunge« bekannt. Sie sind Bestandteil einer Kneipenmahlzeit, entweder mit Grieben- oder Gänseschmalz sowie mit Harzer Käse bestrichen oder belegt.

Fetter, roher Speck, gut »ausgelassen« – eine beliebte Berliner Spezialität –, darf auf keiner Kirmes oder dem Weihnachtsmarkt fehlen.

ZUTATEN FÜR 2 TONTÖPFE ODER TWIST-OFF-GLÄSER À 250 ML
- 500 g roher Schweinespeck ohne Schwarte
- 2 Majoranzweige
- ½ TL Salz
- 1 TL Chiliflocken

Zum Servieren
- 4–8 Schusterjungen

ZUBEREITUNGSZEIT
45 Minuten, plus
45 Minuten Kühlzeit

1
Den Schweinespeck in etwa 0,5 cm große Würfel schneiden. In einen breiten Topf geben und mit dem Majoran langsam etwa 40 Minuten auslassen beziehungsweise ausbraten. Das Fett wird klar und kleine, braune Grieben bilden sich.

2
Das klare Fett und die Grieben mit Salz und Chiliflocken würzen. In Tontöpfchen füllen, kalt stellen und erstarren lassen. Das Schmalz hält sich im Kühlschrank zwei bis drei Wochen.

3
Die Schusterjungen halbieren und dick mit Schmalz bestreichen.

TIPP

Frisches Schweinefett (Griebenschmalz) gibt es auch fertig beim Fleischer zu kaufen.

SCHMALZ OHNE TIER

In Berlin, der veganen Hauptstadt Europas, gibt es vom veganen Imbiss über vegane Gourmetrestaurants bis hin zu veganen Supermärkten alles tierfrei. So auch das beliebte Schmalz.

ZUTATEN FÜR 1 TWIST-OFF-GLAS À 250 ML
- 1 Zwiebel
- 1 säuerlicher Apfel (am besten Boskop)
- 100 ml Pflanzenöl
- 100 g Kokosfett

ZUBEREITUNGSZEIT
30 Minuten

1
Die Zwiebel schälen und fein würfeln. Den Apfel schälen, vierteln, entkernen und klein würfeln.

2
Das Pflanzenöl erhitzen und die Zwiebelwürfel darin goldbraun braten. Das Kokosfett im Öl schmelzen. Die Apfelwürfel hinzufügen und den Topf vom Herd nehmen. Bei Zimmertemperatur abkühlen lassen, zwischendurch umrühren. In das Glas füllen, verschließen und in den Kühlschrank stellen.

TIPP

Kokosfett erstarrt bei Temperaturen unter 23 °C. Ideal also, um Schmalz herzustellen. Da Schmalz als Brotaufstrich verwendet, also nicht mehr erhitzt wird, kann es nach Belieben mit getrockneten Kräutern wie Thymian oder Oregano, Pfefferkörnern oder gehackten getrockneten Äpfeln variiert werden.

MAYO-KARTOFFELSALAT MIT WÜRSTCHEN

<u>ZUTATEN FÜR 4 PERSONEN</u>
- 1 kg Kartoffeln, ungeschält gekocht
- 4 Eier, hart gekocht
- 200 g Gewürzgurken
- 1 Eigelb
- 1 TL scharfer Mostrich (Senf)
- 100 ml Pflanzenöl
- 1–2 EL Weißweinessig
- Salz
- frisch gemahlener Pfeffer
- 2 EL gehackte Petersilie

Zum Servieren
- 4 Bockwürste, in Wasser erwärmt
- 4 Schrippen (Brötchen)
- scharfer Mostrich (Senf)

<u>ZUBEREITUNGSZEIT</u>
30 Minuten

Gastwirt Robert Scholz und Fleischer Benjamin Löwenthal sollen die Bockwurst erfunden haben. Die Namensgebung bezog sich auf das Bockbier, das gerne zu dieser Brühwurst getrunken wurde.

Wer in Berlin seinen Senf dazugibt, wird Mostrich aus dem Osten kennenlernen. Bautz'ner Senf aus der gleichnamigen Stadt Bautzen ist allseits bekannt.

<u>1</u>
Die gekochten Kartoffeln schälen und in Scheiben schneiden. Die Eier pellen und mit dem Eierschneider einmal kreuz und einmal quer in kleine Würfel schneiden. Die Gewürzgurken in kleine Würfel schneiden.

<u>2</u>
Mit einem Handrührgerät Eigelb und Senf verrühren. Nach und nach das Öl unterschlagen, sodass eine cremige Mayonnaise entsteht.

<u>3</u>
Die Mayonnaise mit Essig, Salz und Pfeffer würzen und vorsichtig mit den vorbereiteten Zutaten in einer Schüssel vermengen. Mit der Petersilie bestreuen oder diese bereits vorher untermischen. Den Kartoffelsalat auf Teller verteilen und darauf je 1 Bockwurst legen. Mit Brötchen und Mostrich servieren.

LÖFFELERBSEN MIT SCHNAUZE

ZUTATEN FÜR 4 PERSONEN
- 400 g geschälte gelbe Erbsen
- Salz
- 4 Majoranzweige
- 1 Zwiebel
- 1 Möhre
- 1 Petersilienwurzel
- 1 Lauchstange
- 250 g Kartoffeln
- 250 g Knacker (Würstchen)
- frisch gemahlener Pfeffer
- 1 EL gehackte Petersilie

ZUBEREITUNGSZEIT
1 ½ Stunden, plus 8 Stunden Einweichzeit

Früher verwendete man für dieses Rezept gepökelten Schweinekopf (Schnauze) und -ohren. Heutzutage gibt's Knacker in Scheiben oder Kasseler, in mundgerechte Stücke geschnitten, als Einlage. Auch Bockwurst oder gebratener Speck kann es sein.

Die Berliner Schnauze ist bekannt, denn der Berliner sagt – auch ungefragt –, was er denkt. Doch die »Schnauze« ist harmlos, weil in der Backe immer ein Bonbon steckt.

DAZU PASST
Schrippen dazu reichen und einstippen – sehr lecker!

1
Die Erbsen in etwa 2 l kaltem Wasser für mindestens 8 Stunden einweichen. Die eingeweichten Erbsen anschließend mit dem Einweichwasser zum Kochen aufstellen. Salz und Majoran dazugeben.

2
Zwiebel, Möhre und Petersilienwurzel schälen und klein würfeln. Den Lauch längs halbieren, zwischen den Blattschichten waschen und quer in Streifen schneiden. Das vorbereitete Gemüse zu den Erbsen geben und, wenn nötig, etwas Wasser nachgießen. Den Topfinhalt bei mittlerer Hitze und unter gelegentlichem Abschäumen der Oberfläche etwa 1 Stunde kochen.

3
Die Kartoffeln schälen, in gleichmäßige Würfel schneiden und gegen Ende der Garzeit in den Topf geben. Die Würstchen in Scheiben schneiden und diese zur Kräftigung der Suppe mitkochen und nicht nur erwärmen. Zum Servieren mit Salz und Pfeffer abschmecken und mit der Petersilie garnieren.

SOLEIER AUS DEM »HUNGERTURM«

In Berlin wurden Soleier in der Kneipenwirtschaft berühmt. Am Tresen standen die hohen (Bonbon-)Gläser, auch »Hungertürme« genannt, in denen die Eier in reichlich Salzwasser lagen. Wer Hunger hatte, der ließ sich ein Ei herausnehmen. Dieses wurde rundherum aufgeklopft, gepellt und halbiert. Dick mit Mostrich beschmiert, gesalzen und gepfeffert – nach Belieben auch noch einen Spritzer Essig als Würzung –, und weg damit.

Aus Halle, wo die Salzsiederzunft ausgeübt wurde, stammen die Soleier (Sole = Salzlake). Die Arbeiter hängten Eier in Netzen in die siedende Sole, um ihre Mahlzeit zu erweitern.

ZUTATEN FÜR 4 PERSONEN
- 1 EL Salz
- 2 Lorbeerblätter
- 8 frische Eier (Größe L)

ZUBEREITUNGSZEIT
25 Minuten, plus
1 Tag Kühlzeit

1

Salz und Lorbeerblätter mit 1 l Wasser aufkochen und bei mittlerer Hitze etwa 5 Minuten ziehen lassen. Vom Herd nehmen und vollständig auskühlen lassen.

2

In der Zwischenzeit die Eier in kochendem Salzwasser etwa 10 Minuten hart kochen, mit kaltem Wasser abschrecken und von allen Seiten leicht anschlagen.

3

Die Eier in ein hohes Gefäß legen und mit der ausgekühlten Flüssigkeit begießen, sodass alles bedeckt ist. Mindestens 24 Stunden kühl ruhen lassen.

KIEZ-DÖNER MIT ALLEM

ZUTATEN FÜR 4 PERSONEN
Für Fleisch und Brot
- 600 g mageres Kalbfleisch
- Salz
- frisch gemahlener Pfeffer
- ½ TL gemahlener Kreuzkümmel oder spezielles Dönergewürz
- 1 kleine Zwiebel
- 5 EL Pflanzenöl
- 2 Knoblauchzehen
- 150 g Schafmilchjoghurt
- 1 EL gehackte Petersilie
- 4 Fladenbrote (Handtellergröße)

Für den Belag
- 2 aromatische Tomaten
- 150 g Rotkohl
- 150 g Bio-Salatgurke
- 1 Zwiebel

Außerdem
- 4 Grillspieße

ZUBEREITUNGSZEIT
40 Minuten

Ende der 1960er-Jahre erfand der Kreuzberger Gastronom Kadir Nurman einen Weg, den Berlinern das türkische Tellergericht »Döner Kebab« in die Hand zu drücken. Mittlerweile gehört der Döner, den man mal eben schnell auf dem Weg nach Hause isst, genauso zur Imbissbudenkultur wie die Currywurst. Berliner würden natürlich nie auf die Idee kommen, einen Döner zu Hause selbst zu »basteln«, denn es gibt ihn an jeder Ecke für wenig Geld zu kaufen.

1

Für Fleisch und Brot den Backofen auf 220 °C mit Grillstufe vorheizen. Das Kalbfleisch in dünne Scheiben schneiden, mit Salz, Pfeffer und Kreuzkümmel würzen und auf die Grillspieße stecken.

2

Die Zwiebel schälen und auf einer Küchenreibe fein reiben. Das Zwiebelmus mit der Hälfte des Öls verrühren und die Fleischspieße rundherum damit einpinseln.

3

Die Fleischspieße auf einen Gitterrost legen und auf mittlerer Schiene in den heißen Backofen schieben. Während der Grillzeit von etwa 20 Minuten mehrmals drehen.

4

In der Zwischenzeit den Knoblauch schälen, durch eine Knoblauchpresse drücken und zusammen mit dem Joghurt in eine Schüssel geben. Die Petersilie unterrühren und die Sauce mit Salz und Pfeffer würzen.

5

Die Fladenbrote quer zu Taschen ein-, aber nicht durchschneiden und die Innenseiten mit dem restlichen Öl beträufeln.

6

Für den Belag die Tomaten waschen und in kleine Stücke schneiden. Den Rotkohl putzen, waschen und in feinste Streifen schneiden. Die Gurke waschen und auf einer Küchenreibe raspeln. Die Zwiebel schälen, halbieren und in sehr feine Streifen schneiden. Alle vorbereiteten Zutaten auf einem Servierteller anrichten.

7

In den letzten 5–8 Grillminuten die Fladenbrote zum Erwärmen auf den Boden des Backofens legen. Die fertig gegrillten Fleischspieße und die Fladenbrote aus dem Backofen nehmen. Die Fleischstücke von den Spießen streifen und in die Brottaschen füllen. Je nach Geschmack alle oder nur einzelne Zutaten hineinschichten und mit der Knoblauchsauce beträufeln.

NICHT ALLES MAMPE

Fenchelsamen bis hin zu Zitronenmelisse. Alle 23 Kräuter und Gewürze werden im unbehandelten Rohzustand frisch oder getrocknet verarbeitet. Heraus kommt ein leichter, feiner, milder Kräuterlikör, der sich auch zum Mixen, etwa von Martinis und Longdrinks, eignet. Angefangen haben die beiden Spirituosenliebhaber vor acht Jahren hobbymäßig mit dem Import von Gin, Rum und Tequila. Die hochwertigen Spirituosen brachten sie dann in Berlin als eigene Marken auf den Markt und hatten vor allem in der Barszene schnell Erfolg.

HOCHPROZENTER VON DER SPREE EROBERN DIE BARS DER STADT

»Zwickt die Wampe, trink 'nen Mampe!« Wer hätte gedacht, dass der »feine Bitterlikör« mit dem Elefanten am Flaschenhals – Motto: »Keiner für alle. Nur für Berlin« – es noch einmal wie Phoenix aus der Asche zum »signature drink« in einschlägigen angesagten Kneipen wie der *Möve im Felsenkeller* oder der *Destille Kreuzberg* bringen würde. Und sogar an Bord von Air Berlin als »Flieger-Cocktail« ausgeschenkt wird. Mehr old-fashioned als »Mampe halb und halb«, ein Orangen-Bitterlikör, ist doch kaum denkbar. Aber Berlin ist eben nicht nur kulinarische Sterne-Hauptstadt, sondern auch wieder – Berlin war einst Likör- und Schnapshauptstadt mit über 150 Destillen – Spirituosen-Metropole Nummer eins. Mit alten Bekannten und innovativen Newcomern. Zu Letzteren gehören Florian Stärk und Lars Stottmeister und ihre *The Liquor Company*: »KR/23« heißt ihr Hochprozenter von der Spree. Das »KR« steht schlicht für Kräuter oder genauer Kräuterlikör. Die »23«, das sind »23 natural botanicals« von Anis über

Bei Barkeepern nicht nur in Berlin erfreut sich auch der Premium-Kräuterlikör »Borgmann 1772«, dessen Rezeptur auf die Familienapotheke der Borgmann-Brüder Jan und Hendrik in Braunschweig zurückgeht, besonderer Beliebtheit. Eignet sich der Edelstoff doch gut für Longdrinks und Cocktails wie den Borgmann 1772. Starke Konkurrenz macht ihm der »Pijökel 55« aus einem Hinterhof in Prenzlauer Berg. Ohne das lebendige Nachtleben und die kreative Barszene in der Hauptstadt wäre der hiesige Spirituosenboom nicht denkbar.

NICHT ALLES MAMPE

Der Gin steht für eine alteingesessene Destille, die jüngst zu neuen Höhenflügen angesetzt hat: die *Preussische Spirituosen Manufaktur*, deren Geschichte bereits 1874 als »Versuchs- und Lehranstalt für Spiritusfabrikation« begonnen hatte. Im Jahr 2009 wurde sie von Gerald Schroff und Prof. Dr. Ulf Stahl übernommen. Bereits 2005 hatten die beiden passionierten Gintrinker begonnen, ihren »Adler Berlin Dry Gin« zu produzieren. Inzwischen stellen sie wieder die ganze Spirituosenpalette her, von Korn und Kümmel über Geiste und Brände, Kräuter und Bitter bis hin zu Likören. Darunter sind kaum noch bekannte Klassiker wie »Weddinger Kräuterlikör«, »Berliner Getreidekümmel« und »Klarer nach Cottbusser Art«. Auch der »Held Vodka«, der bereits in den Goldenen Zwanzigern in einem Berliner Hinterhof destilliert wurde, erlebt seit 2005 ein Revival an der Spree. Liegen Kräuterlikör, Gin und Wodka derzeit gut im Rennen, hat es der Korn nach wie vor recht schwer. Doch Vincent Honrodt, dessen Urgroßvater als Direktor der Zuckerfabrik Vossberg im Umland von Berlin edle Brände herstellte, schickt sich an, mit dem »Berliner Brandstifter« etwas für das Image des Klaren zu tun. Aus Brandenburg und Mecklenburg-Vorpom-

mern kommt das Getreide für den mehrfach destillierten Brand. Destilliert wird auch ein Dry Gin, der mit Holunderblüten, Malvenblüten, Waldmeister, Löwenzahn und frischen Gurken vom »Berliner Speisegut«, einer bäuerlichen Solidar- und Produktionsgemeinschaft, aufgepeppt wird.

Aber Schnaps ist nicht das letzte Wort. Berlin ist die Craft-Bier-Hauptstadt schlechthin. Kleine Brauereien mit engagierten Braumeistern wollen dem Einheitspils der Großkonzerne ausdrucksstarke Biere entgegensetzen. Sie heißen *Rollberger*, *Vagabund*, *Eschenbräu*, *Hops & Barley*, *Schoppe*, *Schalander* und *Pfefferbräu*. Selbst der Klassiker Berliner

Weiße kommt durch Original-Weiße von jungen Brauern wie *Berliner Berg* und *BrewBaker* unverhofft zu neuen Ehren und ist längst kein antiquiertes Ausflugsgetränk mehr. Ausgeschenkt werden die Berliner und internationalen Craft-Biere in Bars wie *Heidenpeters*, *Hopfenreich*, *Herman*, *The Pier*, *IPA-Bar* und *Monterey Bar*. Das große Berliner Bierpotenzial haben auch die Amerikaner, die Vorreiter der Craft-Bier-Bewegung, längst erkannt. Und so hat die amerikanische Kultbrauerei *Stone Brewing* jüngst in einem ehemaligen Gaswerk in Marienfelde eine Braustätte mit Restaurant und Biergarten eröffnet und will von Berlin aus den europäischen Biermarkt erobern. Wem das alles aber zu alkoholisch ist, der kann auch zu einer »Wostok«-Limonade aus Kreuzberg greifen, einer Brause im schicken Retro-Design mit ausgefallenen und hochwertigen Zutaten.

CRAFT-BIER- UND GIN-HAUPTSTADT BERLIN

KARTOFFELSUPPE MIT CHORIZO UND SPITZKOHL

ZUTATEN FÜR 4 PERSONEN

- 600 g mehligkochende Kartoffeln
- ½ Bund Suppengemüse (Möhre, Sellerie, Lauch)
- 250 g Spitzkohl
- 100 g Chorizowurst, gehäutet
- 1 kleine Zwiebel
- 3 EL Pflanzenöl
- ½ TL getrockneter Majoran
- Salz
- frisch gemahlener Pfeffer
- 100 ml trockener Weißwein oder Gemüsebrühe
- 1 l Gemüsebrühe
- 1 EL Butter

ZUBEREITUNGSZEIT

50 Minuten

Je nach Saison bietet eine Kartoffelsuppe eine gute Grundlage, um kulinarisch zu experimentieren. Als Einlage eignen sich zum Beispiel sautierte Rosenkohlblättchen oder frittierte Chips aus lila oder rotschaligen Brandenburger Kartoffeln. Auch Topinambur, Gatower Kugeln (roh essbar, geschmacklich eine Mischung aus Kohlrabi und Rettich), Teltower Rübchen, rötliche Urkarotten und Blutwurst lassen sich gut in der Suppe »versenken«. Es gibt nahezu keine Sorte, die es nicht gibt.

SO GEHT'S AUCH

Mit je 1 Klecks saurer Sahne und Chilifäden garnieren.

1

Die Kartoffeln waschen, schälen und in etwa 1 cm große Stücke schneiden. Das Suppengemüse putzen, waschen, schälen und in kleine Würfel schneiden. Den Spitzkohl putzen und in feine Streifen schneiden oder hobeln. Waschen, gut abtropfen lassen und etwa ein Drittel davon beiseitelegen. Die Chorizo klein schneiden. Die Zwiebel schälen und fein würfeln.

2

Das Öl in einem Topf erhitzen und das Suppengemüse darin 1 Minute andünsten. Kartoffelstücke und Spitzkohlstreifen hinzufügen, mit Majoran, Salz und Pfeffer würzen und einige Minuten dünsten. Mit Wein und Brühe aufgießen. Nach dem Aufkochen die Hitze reduzieren und das Gemüse etwa 15 Minuten garen.

3

Die Suppe mit einem Stabmixer, je nach gewünschter Sämigkeit, pürieren und abschmecken.

4

Die Butter in einer Pfanne erhitzen und darin Zwiebel, Chorizo und beiseitegelegten Spitzkohl einige Minuten anbraten. Die Suppe auf Teller oder Schalen verteilen und mit der Chorizomischung garnieren.

TIPP

Statt der scharfen Chorizowurst eine Blutwurst aus einer Berliner Manufaktur als Einlage verwenden.

EINGELEGTE BRATHERINGE MIT SALZGURKEN

Zum »ollen Hering« wird anstelle einer Gewürzgurke gerne Salzgurke gegessen. Die »sauren Salzgurken« sind auf natürliche Weise in Salz gegoren. Besonders bekannt sind die aus dem Spreewald.

DAZU PASST
Die Bratheringe aus der Marinade nehmen und mit Bratkartoffeln genießen.

1

Die Heringe unter fließendem kaltem Wasser waschen und mit Küchenpapier trocken tupfen. Mit dem Zitronensaft beträufeln, mit Salz und Pfeffer würzen und in dem Mehl wenden.

2

Das Öl mit dem Butterschmalz in einer großen Pfanne erhitzen und die Heringe darin rundum in etwa 20 Minuten braun und knusprig braten. Die Heringe aus der Pfanne nehmen, auf Küchenpapier abtropfen und erkalten lassen.

3

Den Essig mit 500 ml Wasser und Würzzutaten aufkochen, dann vollständig auskühlen lassen. In der Zwischenzeit die Zwiebeln schälen, halbieren und in Streifen schneiden. Die Gurke in Scheiben schneiden.

4

Die kalten Heringe mit Zwiebelstreifen und Gurkenscheiben in einen Steinguttopf schichten. Mit der kalten Marinade begießen, abdecken und mindestens 24 Stunden ziehen lassen.

ZUTATEN FÜR 4 PERSONEN
- 1 kg Heringe, küchenfertig
- Saft von 1 Zitrone
- Salz
- frisch gemahlener Pfeffer
- 3 EL Mehl
- 2 EL Pflanzenöl
- 50 g Butterschmalz
- 250 ml Weißweinessig
- ½ TL Pfefferkörner
- ½ TL Korianderkörner
- 1 TL Senfsamen
- 2 Lorbeerblätter
- 2 große Zwiebeln
- 1 saure Salzgurke

ZUBEREITUNGSZEIT
40 Minuten, plus
1 Tag Marinierzeit

HERINGSSTIPPE

ZUTATEN FÜR 4 PERSONEN
- 12 Bismarckheringe (aus dem Glas)
- 2 säuerliche Bio-Äpfel (am besten Boskop)
- 2 Zwiebeln
- 2 Gewürzgurken
- 150 g Mayonnaise
- 150 g saure Sahne
- 4–5 EL Milch
- Salz
- frisch gemahlener Pfeffer
- 1 Prise Zucker

ZUBEREITUNGSZEIT
20 Minuten, plus
1 Stunde Kühlzeit

Reichskanzler Otto von Bismarck soll vor seinem Parlament einmal gesagt haben: »Wenn Hering 'nen Taler kosten würde, dann würde er den Leuten noch viel besser schmecken.« Der Stralsunder Fischhändler Friedrich Wiechmann schenkte Bismarck daraufhin zum Geburtstag ein Fässchen mit entgräteten, sauer eingelegten Ostseeheringen. Als Dank erhielt Wiechmann die Erlaubnis, diese Art von eingelegtem Hering fortan »Bismarckhering« zu nennen.

DAZU PASST
Mit gebuttertem Vollkornbrot und Pellkartoffeln servieren.

1
Die Heringe aus dem Einlegsud nehmen, abspülen und mit Küchenpapier trocken tupfen. Den Fisch quer in Streifen schneiden. Die Äpfel waschen, nicht schälen, vierteln, entkernen und in kleine Würfel schneiden. Die Zwiebeln schälen und mit den Gewürzgurken klein würfeln.

2
Die Mayonnaise mit saurer Sahne und Milch cremig rühren und mit Salz, Pfeffer und Zucker würzen. Die Sauce vorsichtig unter die vorbereiteten Zutaten heben und alles abschmecken. Mit Frischhaltefolie abdecken und zum Durchziehen für 1 Stunde in den Kühlschrank stellen.

HARZER KÄSE MIT LEINÖL, PELLKARTOFFELN UND SCHLUPPEN

Der fettarme Gelbkäse, ursprünglich aus dem Harzer Oberland stammend, besitzt keine geschützte Herkunftsbezeichnung. Besonders in Kneipen waren Harzer mit Kümmel, Berliner Landbrot und Leinöl allseits eine gute und schnelle Grundlage für ein paar Bierchen. Zu Hause zum (kalten) Abendbrot schmecken Kartoffeln und Schluppen, wie die Frühlingszwiebeln in Berlin genannt werden, gut dazu.

ZUTATEN FÜR 4 PERSONEN
- 800 g kleine Kartoffeln
- Salz
- 1 Prise Kümmelsamen
- 1 Bund Frühlingszwiebeln
- 400 g Harzer Käse (2 Rollen)
- 4–5 EL Leinöl
- 1–2 EL heller Essig
- frisch gemahlener Pfeffer

ZUBEREITUNGSZEIT
40 Minuten

1
Die Kartoffeln waschen und in kochendem Salzwasser mit dem Kümmel etwa 20 Minuten garen. Die Frühlingszwiebeln putzen, waschen und in feine Ringe schneiden.

2
In der Zwischenzeit die Käsescheiben voneinander lösen und in eine Schüssel geben. Mit Öl und Essig begießen und kurz im Kühlschrank ziehen lassen.

3
Die Kartoffeln abgießen, schälen, halbieren und auf Teller verteilen. Die marinierten Käsescheiben dazu anrichten, alles mit Salz und Pfeffer würzen und mit den Frühlingszwiebeln bestreuen.

VIRGIN TACOS MIT TOMATENSALSA

Vegetarisches Texmex »to go« in einer handlich-griffigen Tacoschale. Einfach delicioso!

1
Die Tomaten waschen, halbieren, entkernen und fein würfeln. Die Frühlingszwiebeln putzen, waschen und in feine Ringe schneiden. Das Koriandergrün waschen, die Blättchen abzupfen und fein hacken. Die Mango schälen, entsteinen und das Fruchtfleisch in kleine Stücke schneiden.

TIPP

Alle Zutaten auf den Tisch stellen, sodass sich jeder seine Tacoschale befüllen kann.

Tacogewürz kann individuell selbst hergestellt werden – die Zutaten sind: Knoblauch- und Zwiebelpulver sowie getrockneter Oregano, Chiliflocken, gemahlener Kreuzkümmel und Koriander.

2
Die vorbereiteten Zutaten mit Limettensaft, Öl und Gewürzen mischen. Den Eisbergsalat waschen, mit Küchenpapier trocken tupfen und in feine Streifen schneiden.

3
Einen Teil der Salatstreifen in den Tacoschalen verteilen. Die Tomatensalsa darübergeben, dann mit den restlichen Salatstreifen und dem Mais bestreuen.

4
Die Kräuter-Crème-fraîche mit dem Tacogewürz verrühren und je 1 Klecks auf die Virgin Tacos geben.

ZUTATEN FÜR 4 PERSONEN
- 250 g aromatische Tomaten
- 2 Frühlingszwiebeln
- ½ kleines Bund Koriandergrün
- 1 kleine reife Flugmango
- Saft von ½ Limette
- 1 EL Olivenöl
- 1 kräftige Prise Chiliflocken
- 1 Prise gemahlener Kreuzkümmel
- Salz
- frisch gemahlener Pfeffer
- 250 g Eisbergsalat
- 4 Tacoschalen
- 100 g Mais (aus der Dose)
- 2 EL Kräuter-Crème-fraîche (selbst gemacht oder gekauft)
- 1 kräftige Prise Tacogewürz

ZUBEREITUNGSZEIT
30 Minuten

COUSCOUS MIT GRANATAPFEL UND GARTENERNTE

- 250 g Couscous
- Salz
- 1 TL weiche Butter
- ½ Bund Petersilie
- 250 g Tomaten
- 1 Salatgurke
- 1 Lauchstange
- 1 Granatapfel
- Saft von ½ Zitrone
- 5 EL Olivenöl
- frisch gemahlener Pfeffer

ZUBEREITUNGSZEIT
30 Minuten

In vielen Backshops, Delis, Imbissständen und Coffeeshops gibt es Couscous-Salate, die unterschiedlich gewürzt und mit den verschiedensten Zutaten variiert werden. Besonders im Becher zum Mitnehmen eignen sie sich als Snack für zwischendurch.

DAZU PASST
Mit Fladenbrot wird der Couscous-Salat besonders sättigend.

1
Den Couscous in eine Schüssel geben und mit etwa 250 ml kochendem Salzwasser begießen. Nach Packungsangabe ziehen lassen. Die Butter mit einer Gabel locker unterrühren.

2
Die Petersilie waschen, trocken schütteln, die Blättchen abzupfen und fein hacken. Die Tomaten waschen, halbieren, entkernen und in schmale Spalten schneiden. Die Gurke schälen, der Länge nach halbieren, die Kerne mit einem Löffel herauskratzen und das Fruchtfleisch quer in Stücke schneiden. Den Lauch putzen, längs halbieren, zwischen den Blattschichten waschen und quer in Streifen schneiden.

3
Den Granatapfel in 1–2 cm dicke Scheiben schneiden und aus jeder Scheibe die Kerne herausdrücken.

4
Den Zitronensaft mit dem Öl verrühren, dann mit dem Couscous den restlichen vorbereiteten Zutaten locker in einer Schüssel vermengen. Mit Salz und Pfeffer abschmecken.

NACHOS MIT HACK

Im Kino gibt es Nachos mit Käse oder mit Sour Cream, als Streetfood gibt es sie mit viel Jalapeño und Hackfleisch – Hauptsache ganz easy »von der Hand in den Mund« zu essen.

SELBST GEMACHTE CHILISAUCE
2 gehackte Knoblauchzehen und 1 kleine, gewürfelte Zwiebel mit 1 kleinen, gewürfelten Chilischote in 2 EL Pflanzenöl 2 Minuten braten. 250 g stückige Tomaten (aus der Dose) mit Saft hinzufügen, mit Salz, Pfeffer, Cayennepfeffer und 1 EL flüssigem Honig würzen und bei schwacher Hitze etwa 20 Minuten einkochen. Mit dem Stabmixer pürieren, dann abkühlen lassen. Zum »Nachschärfen« etwas Tabasco verwenden.

1
Zwiebel und Knoblauch schälen und fein würfeln. Die Peperoni waschen, entkernen und klein schneiden. Das Öl in einer Pfanne erhitzen und die vorbereiteten Zutaten darin 1–2 Minuten anschwitzen.

2
Das Hackfleisch hinzufügen und unter Rühren braten, bis es krümelig wird. Mit Salz, Pfeffer, Chiliflocken und -sauce würzen und einige Minuten köcheln lassen.

3
Den Backofen auf 180 °C mit Grillstufe vorheizen. Ein Backblech mit Backpapier auslegen. Die Tortillachips darauf verteilen und löffelweise mit Hackfleisch und Käse belegen. In den Backofen schieben und etwa 6 Minuten überbacken. Zum Servieren mit der sauren Sahne beträufeln.

TIPP

Die abgekühlten Nachos in einer Pappschachtel verstauen und als Mitbringsel zur Party mitnehmen.

ZUTATEN FÜR 4 PERSONEN
- 1 kleine Zwiebel
- 1 Knoblauchzehe
- 1 rote Peperoni
- 1 EL Pflanzenöl
- 250 g Rinderhackfleisch
- Salz
- frisch gemahlener Pfeffer
- Chiliflocken nach Geschmack
- 100 ml Chilisauce (gekauft oder selbst gemacht)
- 1 Packung Tortillachips
- 100 g Gouda, fein gerieben
- 200 g saure Sahne

ZUBEREITUNGSZEIT
40 Minuten

CHICKEN NUGGETS MIT CORNFLAKES UND MANGODIP

Hähnchenfleisch, zu krossen Bissen gebraten und natürlich mit einer Sauce zum Dippen - das sind die idealen Mitternachtshappen, die überall (ob mit oder ohne Cornflakesüberzug) zu haben sind.

ZUTATEN FÜR 4 PERSONEN
Für den Dip
- 2 kleine aromatische Mangos
- ½ getrocknete rote Chilischote
- 1 EL Butter
- 1 EL Zucker
- 100 ml Gemüsebrühe
- Salz
- frisch gemahlener Pfeffer
- etwas gemahlener Koriander
- 4 EL Sahne

Für die Nuggets
- 4 Hähnchenbrustfilets (etwa 500 g)
- Salz
- frisch gemahlener Pfeffer
- 2 Eier
- 1 Prise Cayennepfeffer
- 100 g ungezuckerte Cornflakes
- Mehl zum Wenden
- 50 ml Pflanzenöl

ZUBEREITUNGSZEIT
40 Minuten

1
Für den Dip die Mangos schälen, entsteinen und das Fruchtfleisch in kleine Würfel schneiden. Die Chilischote fein zerbröseln. Die Butter in einem kleinen Topf zerlassen und den Zucker darin schmelzen. Die Chilibrösel darin schwenken, dann das Mangofruchtfleisch einrühren. Die Brühe zugeben und einige Minuten einkochen. Dabei mit Salz, Pfeffer und Koriander würzen. Die Mischung mit der Sahne verfeinern und mit einem Stabmixer pürieren. Abschmecken und kalt stellen.

2
Für die Nuggets die Hähnchenbrustfilets in mundgerechte Stücke schneiden und rundherum mit Salz und Pfeffer würzen. Die Eier mit dem Cayennepfeffer verquirlen. Cornflakes und Mehl auf separate Teller geben. Die Fleischstücke zuerst im Mehl wenden, dann durch die Eimischung ziehen und in den Cornflakes walzen.

3
Das Öl in einer großen Pfanne erhitzen und die panierten Fleischstücke darin in einigen Minuten rundum kross braten. Herausnehmen und auf Küchenpapier abtropfen lassen. Den Mangodip dazu reichen.

TIPP

Von Barbecuesauce über Knoblauch- und Kräutersauce bis hin zu süß-saurem Curryketchup eignet sich alles zum Dippen der Nuggets.

MATJES MIT TEUFELSEIERN UND GURKENSALAT

Rund um den Müggelsee gibt es zahlreiche Ausflugsgast-
stätten. Dort werden Matjesfilets meist mit Zwiebeln
und Pellkartoffeln serviert – oder im Töpfchen, cremig
vereint als Salat. Manchmal findet man sie auch als
Tatar. Alles lecker!

DAZU PASST
Pumpernickel verleihen dem Gericht den letzten Schliff.

ZUTATEN FÜR 4 PERSONEN
- 1 große Bio-Salatgurke
- Salz
- 1 kräftige Prise Zucker
- frisch gemahlener
  weißer Pfeffer
- 1 EL Pflanzenöl
- 1 EL heller Essig
- 4 Eier (Größe L)
- 4 Matjes-Doppelfilets
  (ohne Schwanzflossen)
- 1 EL gehackter Dill
- Saft von ½ Zitrone
- 2 EL Mayonnaise
- 1 EL Chiliketchup
- einige Spritzer Tabasco
- Rosenpaprikapulver

ZUBEREITUNG
30 Minuten

1
Die Gurke waschen und auf einem Gemüsehobel fein schneiden. Mit Salz, Zucker und Pfeffer würzen, dann mit Öl und Essig vermischen. Zum Durchziehen in den Kühlschrank stellen.

2
In der Zwischenzeit die Eier in kochendem Wasser in etwa 10 Minuten hart kochen. Inzwischen die Matjesfilets trocken tupfen und sehr fein hacken. Mit Dill, Zitronensaft, Salz und Pfeffer locker vermengen.

3
Die Eier kalt abschrecken, pellen und längs halbieren. Die Eigelbe herauslösen und mit Mayonnaise, Ketchup, Tabasco, Salz und Pfeffer cremig rühren. Die Eimasse in einen Spritzbeutel füllen und dekorativ in die Eihälften spritzen.

4
In der Mitte von vier Tellern das Matjes-Tatar anrichten und die Teufelseier danebensetzen. Alles leicht mit Paprikapulver bestäuben. Den Gurkensalat auf Schälchen verteilen und separat dazu reichen.

ALTBERLINER
KLASSIKER

KOHLROULADEN VON FRAU SÜSSBIER

ZUTATEN FÜR 4 PERSONEN
- 8 große Kohlblätter
- Salz
- 1 trockene Schrippe (Brötchen)
- 150 ml heiße Milch
- 1 Zwiebel
- 1 Knoblauchzehe
- 50 g Kochschinken
- 2 EL Butter
- 1 Ei
- 500 g gemischtes Hackfleisch
- frisch gemahlener Pfeffer
- abgeriebene Schale von ½ Bio-Zitrone
- 1 TL getrockneter Thymian
- 1 EL gehackte Kräuter (Petersilie, Kerbel)
- ½ Bund Suppengemüse (Möhre, Sellerie, Lauch)
- 4 EL Pflanzenöl
- 500 ml heiße Rinderbrühe
- 100 g Crème fraîche

Außerdem
- Küchengarn

ZUBEREITUNGSZEIT
2 Stunden

Der Berliner liebt Kohl – ob Rot-, Grün-, Sauer- oder Wirsing-, Hauptsache Kohl. Für dieses Gericht können Sie Weiß- oder Wirsingkohl verwenden. Unsere Nachbarin Frau Süßbier, eine Urberlinerin, kocht für uns gerne nach folgendem Rezept.

DAZU PASST
Dazu Quetschkartoffeln (Rezept s. S. 109) servieren.

1
Die Kohlblätter waschen und in kochendem Salzwasser 1 Minute aufwallen lassen. Abgießen, kalt abschrecken und abtropfen lassen. Das Brötchen in einer kleinen Schale mit der heißen Milch begießen und mit einem Tuch abdecken.

2
Zwiebel und Knoblauch schälen und fein würfeln. Den Schinken in kleine Würfel schneiden. Zwiebel-, Knoblauch- und Schinkenwürfel in ½ EL Butter glasig anschwitzen.

3
Den Pfanneninhalt mit Ei und eingeweichtem Brötchen mit dem Hackfleisch in eine Schüssel geben und alles gut durchkneten. Mit Salz, Pfeffer, Zitronenschale, Thymian und Kräutern würzen.

4
Die Kohlblätter auf der Arbeitsfläche ausbreiten und die dicken Rippen wegschneiden. Die Fleischmasse mittig auf den Blättern verteilen, die Blätter übereinanderschlagen und mit Küchengarn fest umwickeln.

5
Den Backofen auf 200 °C vorheizen. Das Suppengemüse putzen, waschen, schälen und in kleine Würfel schneiden. In einem Bräter das Öl mit der restlichen Butter erhitzen und die Kohlrouladen darin rundherum anbraten. Das Suppengemüse zugeben und mitbraten. Die Brühe angießen, kurz aufkochen und den Bräter mit einem Deckel verschließen.

6
Den Bräter auf mittlerer Schiene in den heißen Backofen schieben und die Kohlrouladen darin etwa 1 ¼ Stunden schmoren.

7
Die Kohlrouladen herausnehmen und auf einer vorgewärmten Servierplatte verteilen. Die Sauce nochmals aufkochen, mit einem Stabmixer glatt pürieren und mit der Crème fraîche verfeinern. Die Rouladen mit etwas Sauce beträufelt servieren.

ERBSPÜREE MIT RÖST-SPECKZWIEBELN

ZUTATEN FÜR 4 PERSONEN
- 400 g getrocknete gelbe Erbsen
- ½ kleines Bund Suppengemüse (Möhren, Sellerie, Petersilienwurzel)
- 1 Speckschwarte oder ein kleines Stück Räucherspeck
- einige Kräuterzweige (Majoran, Thymian)
- ½ kleines Bund Petersilie
- 1 Zwiebel
- 100 g durchwachsener Räucherspeck
- 1 EL Butter
- Salz

ZUBEREITUNGSZEIT
1 ¼ Stunden, plus
8 Stunden Einweichzeit

Was wären Eisbein, Kasseler, Schlachtplatte oder auch die Eier mit Mostrichsauce ohne Erbspüree? Schlichtweg alleine gelassen.

1
Die Erbsen in etwa 1 l Wasser für mindestens 8 Stunden einweichen. Anschließend mit dem Einweichwasser zum Kochen aufsetzen.

2
In der Zwischenzeit Möhren, Sellerie und Petersilienwurzel schälen und klein würfeln. Mit der Speckschwarte zu den Erbsen geben. Majoran, Thymian und einige Petersilienstängel waschen und ebenfalls in den Topf geben. Das Ganze etwa 1 Stunde garen.

3
Kurz vor Ende der Garzeit die Zwiebel schälen und fein würfeln. Den Speck in kleine Würfel schneiden. Die restliche Petersilie waschen, trocken schütteln, die Blättchen abzupfen und klein hacken.

4
Die Butter erhitzen und die Zwiebel- und Speckwürfel darin anbraten. Parallel dazu die Kräuterzweige und -stängel sowie den Speck aus der Kochbrühe nehmen. Die Erbsen mit einem Stabmixer fein pürieren und leicht salzen.

5
Das Erbspüree auf Tellern anrichten und mit Speck- und Zwiebelwürfel sowie der gehackten Petersilie garnieren.

HÜHNERFRIKASSEE VOM UCKERMÄRKER FREILANDHUHN

ZUTATEN FÜR 6 PERSONEN
- 1 küchenfertige Poularde (etwa 1,5 kg)
- Salz
- ½ Bund Suppengemüse (Möhre, Sellerie, Lauch)
- 2 EL Butter
- 1 EL Mehl
- 200 g Sahne
- frisch gemahlener weißer Pfeffer
- 150 g Champignons, je nach Größe geviertelt oder in Scheiben geschnitten
- 300 g grüne Erbsen (TK)
- Zitronensaft (nach Belieben)

ZUBEREITUNGSZEIT
2 ¼ Stunden

Es gibt ein sehr vornehmes Frikassee à la Adlon – ein besonders aufwendiges Rezept mit Kalbszunge, Krebsschwänzen, Spitzmorcheln, Kalbsbries und Spargel. Aber es gibt auch ein praktikables Rezept für den einfachen Berliner Haushalt, und das war immer einfach »knorke«.

DAZU PASST
Reis, mit Kerbelblättchen verfeinert.

1
Die Poularde unter fließendem kaltem Wasser innen und außen waschen. In einen Topf legen, mit kaltem Wasser bedecken und zum Kochen aufsetzen. Sobald es kocht, das Wasser abgießen und mit frischem kaltem Wasser erneut zum Kochen bringen. Salzen.

2
Das Suppengemüse putzen, waschen, schälen und in kleine Würfel schneiden, dann in den Topf geben. Die Poularde bei mittlerer Hitze zugedeckt in etwa 1 ½ Stunden gar kochen.

3
Die fertig gegarte Poularde aus dem Topf nehmen, halbieren, häuten und entbeinen. Das Fleisch in mundgerechte Stücke schneiden. Die Hühnerbrühe durch ein feines Sieb passieren.

4
Die Butter in einem Topf zerlassen, das Mehl einstreuen und ständig rühren, bis eine helle Mehlschwitze entsteht. Diese nach und nach mit der Hühnerbrühe aufgießen. Die Sauce unter Rühren so lange einkochen, bis eine sämige Cremesauce entstanden ist, dann die Sahne unterrühren. Mit Salz und Pfeffer würzen.

5
Champignons, Erbsen und Fleischstücke unter die Sauce rühren. Das Frikassee abschmecken und nach Belieben mit einigen Spritzern Zitronensaft verfeinern.

GRÜNKOHL MIT SCHWEINEOHREN UND KNACKERN

Das Restaurant *The Grand* war »Berliner Szenerestaurant 2014«. Die Jury erläuterte ihr Urteil folgendermaßen: »Berlins aktueller ›place to be‹ in der ehemaligen und sorgsam renovierten historischen Armenschule nah dem Alexanderplatz ist nicht nur schick zum Dinner, er wandelt sich den ganzen Tag über vom angesagten Ort zum Business Lunch bis hin zum ausgelassenen, bunten Club mit guter Bar spät in der Nacht.« Das Rezept ist von Küchenchef Tilo Roth, der nach über vier Jahren das Zepter an seinen langjährigen Souschef Mathias Josupeit übergibt.

DAZU PASST
Den Grünkohl zusammen mit Salzkartoffeln servieren.

ZUTATEN FÜR 4-6 PERSONEN
- 1,5 kg Grünkohlblätter, vom Strunk befreit
- 200 g Griebenschmalz
- 500 g feine Zwiebelwürfel (kräftige Sorte)
- Zucker
- 400 g magere Rauchspeckseite
- 2 Schweineohren
- 150 g scharfer Bautz'ner Senf
- 3 mehligkochende Kartoffeln, geschält
- 6 Knacker (Würste, à 100 g)
- Salz
- frisch gemahlener weißer Pfeffer

ZUBEREITUNGSZEIT
3 Tage

TAG 1

Die Grünkohlblätter waschen und trocken schleudern. Das Griebenschmalz in einem großen Schmortopf zerlassen, die Zwiebelwürfel dazugeben und unter Rühren glasig anschwitzen. Die Grünkohlblätter und etwas Zucker hinzufügen. Rauchspeck und Schweineohren auf den Grünkohl legen, einen Deckel daraufsetzen und bei sehr schwacher Hitze schmoren. Zwischendurch immer wieder umrühren, so lange bis der Grünkohl langsam zusammenfällt. Nach etwa 3 ½ Stunden den Herd ausstellen und den Grünkohl über Nacht erkalten und ruhen lassen (am besten an einem mittelkühlen Ort wie einer Speisekammer oder Kellerräumlichkeiten, nicht im Kühlschrank).

TAG 2

Den Rauchspeck aus dem Grünkohl nehmen und die Rauchschwarte abtrennen. Das Fleisch bis zum nächsten Tag im Kühlschrank aufbewahren und die Schwarte wieder zu Grünkohl und Schweineohren geben. Den Grünkohl nochmals erhitzen und den Senf dazugeben. Bei schwacher Hitze unter gelegentlichem Umrühren 1 ½ Stunden köcheln lassen, dann die Kartoffeln hineinreiben und 1 weitere Stunde köcheln lassen, damit eine Bindung im Gericht entsteht. Ab und zu umrühren. Bis zum nächsten Tag wieder kühl stellen.

TAG 3

Den Grünkohl erneut langsam erhitzen. Schweineohren und Speckschwarte herausnehmen. Den Rauchspeck aus dem Kühlschrank nehmen, würfeln und zum Grünkohl geben (wer es mag, kann auch die Schweineohren fein würfeln und dazugeben). Die Würste zum Eintopf geben und darin erwärmen. Vor dem Servieren mit Salz und Pfeffer abschmecken.

ALTBERLINER KLASSIKER

SCHNITZEL À LA HOLSTEIN

ZUTATEN FÜR 4 PERSONEN

- 4 Kalbsschnitzel (à etwa 150 g)
- Salz
- frisch gemahlener Pfeffer
- Mehl zum Wenden
- 2 EL Pflanzenöl
- 3 EL Butter
- 4 Eier
- 4 Scheiben Weißbrot
- 4 Sardellenfilets
- 2 EL eingelegte Kapern
- 8 halbe Scheiben Räucherlachs (etwa 150 g)
- 4 Ölsardinen
- 1 kleines Glas Kaviar (günstiger Seehasenrogen oder exquisiter russischer Kaviar)
- 1 EL gehackte Petersilie

ZUBEREITUNGSZEIT

25 Minuten

Fritz von Holstein, Geheimrat von Kaiser Wilhelm II., ließ sich in seinem Stammrestaurant *Borchardt* ein individuell komponiertes Gericht vorsetzen, das als »Holstein-Schnitzel« in die Geschichte einging. Im Prinzip war Holstein nur immer in Eile, was den Küchenchef veranlasste, Vorspeise und Schnitzel auf einem Teller zu servieren.

DAZU PASST

Mit Bratkartoffeln und in Butter geschwenkten grünen Bohnen servieren.

1

Die Schnitzel leicht mit einem Plattiereisen oder der Unterseite eines Topfes plattieren, mit Salz und Pfeffer würzen und in Mehl wenden; dabei überschüssiges Mehl abklopfen. Das Öl in einer großen Pfanne erhitzen und die Schnitzel hineinlegen. Die Hälfte der Butter hinzufügen und die Schnitzel von jeder Seite 3–4 Minuten braten.

2

Die fertig gebratenen Schnitzel auf vier vorgewärmte Teller verteilen. Die restliche Butter (bis auf einen kleinen Teil) in die Pfanne gleiten lassen und darin die Eier zu Spiegeleiern braten. Parallel dazu die Brotscheiben toasten.

3

Je 1 Spiegelei auf 1 Schnitzel geben, mit je 1 Sardellenfilet belegen und die Kapern darüberstreuen. Die Toasts schräg zu Dreiecken schneiden und mit der restlichen Butter bestreichen. Jedes Dreieck mit 1 halben Scheibe Räucherlachs und je 1 halben Ölsardine belegen. Den Kaviar darauf verteilen und die Petersilie darüberstreuen.

4

Jedes Schnitzel mit 2 Toastdreiecken am Tellerrand servieren.

KÖNIGSBERGER KLOPSE, KARTOFFELPÜREE & APFEL-ROTE-BETE-SALAT

Küchenchef Tim Raue, gebürtiger Berliner aus Kreuzberg, bekam 2012 mit seinem Restaurant *Tim Raue* den zweiten Michelinstern verliehen. Er sagt über dieses Gericht: »Königsberger Klopse waren eines der ersten preußischen Gerichte, das ich selbst kochen konnte. Das Besondere für mich ist zum einen die Rote Bete, die so fies modrig schmecken kann und die durch die Süße und Säure der Zutaten in einem neuen aromatischen Geschmacksbild erscheint. Das Rückgrat eines guten Gerichtes ist für mich aber die Sauce, und die wird mit ordentlich Butter und vor allem einer feinen Rieslingauslese so richtig hinreißend.«

1

Kalbfleisch, Eigelbe und beide Senfsorten vermengen. Das Brot mit der Milch vermengen und unter die Fleischmasse rühren. Kapern, Zwiebelwürfel und Kerbel in die Fleischmasse einarbeiten. Mit Fleur de sel abschmecken und die Struktur mit etwas Paniermehl festigen. Daraus zwölf Klopse formen und beiseitestellen.

2

Fond und Weißwein aufkochen. Die Klopse zum Garen portionsweise in den kochenden Fond legen (durch das mehrfache Garen im Sud verdichtet sich dessen Aroma). Dann die Temperatur auf die niedrigste Stufe reduzieren und bei geschlossenem Topf 7 Minuten ziehen lassen. Die Klopse herausnehmen und warm stellen. Wenn alle Klopse gekocht sind, den Sud durch ein feines Sieb passieren.

3

Den Sud mit der Sahne aufkochen und mit Saucenbinder zu einer sirupartigen Konsistenz binden. Die Butter in den heißen, nicht kochenden Sud einrühren.

4

Für den Salat die Beten fein raspeln. Den Essig mit dem Gelee in einem Topf erhitzen, bis sich das Gelee aufgelöst hat. Erkalten lassen und mit den restlichen Zutaten mischen. Mit Pfeffer abschmecken und vor dem Servieren mindestens 6 Stunden kalt stellen.

5

Für das Püree Milch und Sahne in einem Topf aufkochen. Mit der Butter unter die heiße Kartoffelmasse rühren, bis ein homogenes Püree entstanden ist.

6

Die Klopse mit Püree und Salat servieren.

ZUTATEN FÜR 4 PERSONEN
- 500 g Kalbshackfleisch
- 50 g gekochte Kalbszunge, fein gewürfelt
- 100 g gekochte Kalbskopfmaske, fein gewürfelt
- 100 g gekochtes Kalbsbries, fein gewürfelt
- 3 Eigelb
- 6 EL süßer Senf
- 2 EL scharfer Senf
- 150 g Weißbrot, gerieben
- 50 ml Milch
- 50 g feine Kapern
- 50 g rote Zwiebelwürfel, in Butter glasig gegart
- 20 g Kerbel, geschnitten
- Fleur de sel
- Paniermehl
- 1 l Geflügelfond
- 375 ml Rieslingauslese
- 150 g Sahne
- heller Saucenbinder
- 100 g Butter

Für den Salat
- 400 g gekochte Rote Beten
- 50 ml Himbeeressig
- 50 g Johannisbeergelee
- 200 g gehobelter Apfel
- 3 EL grüner Tabasco
- weißer Pfeffer

Für das Püree
- 40 ml Milch
- 40 g Sahne
- 80 g gesalzene Butter
- 500 g mehligkochende Kartoffeln, gekocht und gestampft

ZUBEREITUNGSZEIT
1 ½ Stunden, plus Kühlzeit

ALT-BERLINER KÜCHE

Lange wurde darüber die Nase gerümpft. Doch die Zeiten haben sich geändert. Weil junge Köche den altbackenen Klassikern Zeitgeist eingehaucht haben, ohne angestammte Altberliner Lokale wie *Zum Schusterjungen*, das *Metzer Eck* und das *Kurhaus Korsakow* zu verdrängen'. Man nehme die Sterneköche Tim Raue und Markus Semmler oder den Küchenchef Marcus Zimmer vom *Restaurant am Steinplatz*. Sie alle haben die Königsberger Klopse wiederentdeckt. Nicht mit fader weißer Sauce und in Tennisballgröße, sondern vielmehr niedlich klein und mit frittierten Kapern. Oder das Eisbein, der typische Richtfest-Schmaus, fluffig serviert von Holger Zurbrüggen als »Gratin vom Eisbein mit Karashi-Sapura-Sauce«.

HOLGER ZURBRÜGGEN (L.O.) INTERPRETIERT IM *BALTHAZAR* NICHT NUR DAS EISBEIN NEU

Mit dem Solei ist das so eine Sache. Schön schaut es nicht aus, und wer es nicht kennt, wird wahrscheinlich auf eine Kontaktaufnahme keinen Wert legen. So übel aber sind die in Kochsalzlösung eingelegten, hart gekochten Eier gar nicht. Und sie sind ein wahres Kneipenrelikt: Berliner Küche am Biertresen. In der *Dicken Wirtin* am Charlottenburger Savignyplatz bekommt man sie. Ebenso wie Königsberger Klopse mit Roten Beten und Salzkartoffeln oder Bratkartoffeln mit Spiegelei. Muttis und Omas Küche für kleines Geld, das gab es schon immer in rustikalen Trinkstätten und Altberliner Restaurants. Die Berliner Küche war dabei immer eine deftige, auf Sättigung ausgelegte Küche, die von den Kochtraditionen der zugezogenen Hugenotten und der Einwanderer aus Pommern, Schlesien und Ostpreußen beeinflusst wurde. Feine Geschmackserlebnisse waren ihr eher fremd.

Innereien – auch sie sind typisch Berlin, für viele aber auch in neuen Interpretationen ein No-Go. Wenn man sich heranwagen möchte, dann am besten im *Herz & Niere* in Kreuzberg. Wem es dort bei Gastgeber Michael Köhle und Küchenchef Christoph Hauser nicht schmeckt, der kann zumindest sagen, er hätte die beste aller Zubereitungen probiert. Obwohl bekannt wie ein bunter Hund, scheint die Kalbsleber mit Äpfeln, Zwiebeln und Kartoffelstampf viele nicht zu interessieren. Es gibt sie in Traditionsrestaurants zubereitet wie eh und je; kulinarische Wagnisse hingegen sucht man fast vergebens. Anders bei einer anderen Altberliner Küchenkamelle, der Blutwurst. Man kommt nicht umhin, dabei auf den Neuköllner Blutwurstritter Marcus Benser hinzuweisen. Der Fleischer lebt und liebt die Blutwurst und gehört zu den Pionieren des neuen, hippen Blutwurst-Images. Scheibchenweise und gebraten, ist sie inzwischen fast schon ein Menü-Standard und gehört bei Mathias Gleiß, Küchenchef im *Volt*, seit Eröffnung als Blutwurstravioli zum heiß geliebten Repertoire.

BERLINER KLASSIKER
SCHMECKEN AUCH VOM
FEINEN WEISSEN TUCH

Wäre Manuel Schmuck vom *Restaurant Martha's* in Schöneberg nicht 2015 für seine Gesamtküchenleistung zum »Berliner Aufsteiger« gekürt worden, hätte er allein für sein Blutwurstbrot jede kulinarische Auszeichnung verdient. Ebenso wie Lukas Mraz aus der *Cordobar*, Berlins bester Weinbar: Seine Blutwurstpizza darf inzwischen ohne Weiteres als neuer Berliner Klassiker gelten.

Die Currywurst allerdings ist ein Streitfall. Hamburg wie Berlin meinen, sie sei ihr Kind. In jedem Fall hat die Gastronomin Herta Heuwer anno 1949 die bekannte Curry-Ketchup-Sauce namens »Chillup« kreiert. Und die Currywurst bleibt traditionell; Varianten etwa aus Putenfleisch setzen sich nicht durch. Auch Bulette, Kasseler und Rollmops sind echte Berliner, haben jedoch den Sprung in die neue Gastroszene noch nicht geschafft. Deim Flcischklops sieht man jedoch Ansätze. Es gibt eine neue Gaststuben-Generation wie das *Dolden Mädel* in Kreuzberg. Dutzende Craft-Biere vom Fass und dazu deftige Kost wie eben Buletten, allerdings mit Upgrade – Gehacktes aus Bio-Schwein und -Rind, statt Billigfleisch. Denn wie fast überall haben inzwischen auch bei den Altberliner Klassikern längst Qualität und regionale Produkte Einzug gehalten.

HACKBRATEN
»FALSCHER HASE«

- 2 trockene Schrippen (Brötchen)
- 2 Zwiebeln
- 50 g Räucherspeck
- 1 kg gemischtes Hackfleisch
- 1 TL Pflanzenöl
- 2 Eier
- ½ TL getrockneter Majoran
- Salz
- frisch gemahlener Pfeffer
- je 1 kräftige Prise edelsüßes und Rosenpaprikapulver
- 1 TL scharfer Senf
- 1 hart gekochtes Ei (nach Belieben)
- 1 EL Butter, zerlassen
- 250 ml heiße Rinderbrühe
- 250 g Frühlingsmöhren
- 200 g Sahne
- 1 EL gehackte Petersilie

ZUBEREITUNGSZEIT
1 ¼ Stunden

Unter dem Decknamen »Falscher Hase« verbarg sich ein geschicktes Täuschungsmanöver, um die karge Realität zu beschönigen: In knappen Zeiten, wenn die Lust auf einen schönen Hasenbraten groß war, musste wenigstens der Name herhalten. Die »Riesenbulette« wird zu einer Art Hasenform gedrückt und mit einem mittig eingelegten hart gekochten Ei als falsches Hasenherz komplettiert.

DAZU PASST
Mit Kartoffelpüree servieren.

1

Die Brötchen in Würfel schneiden und mit etwa 200 ml kaltem Wasser begießen. Die Zwiebeln schälen und fein würfeln. Den Speck in kleine Würfel schneiden.

2

Die Speckwürfel in einer beschichteten Pfanne anbraten und über das Hackfleisch geben. Das Öl in derselben Pfanne erhitzen, darin die Zwiebelwürfel glasig anschwitzen und ebenfalls zum Hackfleisch geben.

3

Alles kräftig mit eingeweichten Brotwürfeln und Eiern verkneten. Mit Majoran, Salz, Pfeffer, beiden Paprikasorten und Senf würzen. Aus dem Fleischteig einen ovalen Laib formen und nach Belieben das gepellte Ei darin platzieren.

4

Den Backofen auf 200 °C vorheizen. Den Hackbraten rundherum mit der zerlassenen Butter bestreichen und in einen großen Bräter legen. Auf mittlerer Schiene in den heißen Backofen schieben. Den Hackbraten etwa 50 Minuten garen. Dabei mehrmals mit der heißen Brühe beträufeln, bis sie aufgebraucht ist. Gegen Ende der Garzeit die Möhren putzen (dabei ein wenig Grün übrig lassen), waschen und zum kurzen Garen rund um den »Falschen Hasen« verteilen.

5

Den Bräter aus dem Ofen nehmen, dann Möhren und Fleischlaib vorsichtig aus dem Bräter heben. Den Bratensatz kurz aufkochen, durch ein feines Sieb gießen, nochmals aufkochen und mit der Sahne verfeinern. Die Sauce abschmecken.

6

Den Hackbraten in dicke Scheiben schneiden und mit den Möhren auf vorgewärmte Teller verteilen. Mit der Sauce überziehen und mit der Petersilie bestreuen.

GRATIN VOM EISBEIN
MIT KARASHI-SAPURA-SAUCE

ZUTATEN FÜR 4 PERSONEN
- 4 Portionen Eisbein (etwa 1 kg)
- 3 EL Pökelsalz
- 4 Lorbeerblätter
- 1 TL Pimentkörner
- 1 TL Gewürznelken
- 2 Zwiebeln

Für das Sauerkraut
- 1 Weißkohl
- 1 Zwiebel
- 2 EL Pflanzenöl
- 1 Prise Zucker, Salz
- 250 ml heller Balsamessig
- einige Pfefferkörner
- 1 Gewürzbeutel (Lorbeer, Gewürznelke, Senf-, Pimentkörner, Wacholder)
- 250 ml Weißwein
- 1 TL Karashi-Senf (aus dem Asialaden)

Für die Sauce
- 1 Zwiebel, 3 EL Zucker
- etwa 200 ml japanisches Sapura-Bier oder anderes japanisches Bier
- 3 EL Schmand
- Salz, gemahlener Pfeffer
- 3 EL heller Balsamessig
- 3 EL Karashi-Senf
- ½ Bund Schnittlauch, in Röllchen geschnitten

Für das Püree
- 6 mehligkochende Kartoffeln
- 1 Eigelb
- 1 EL Butter, 1 EL Sahne

ZUBEREITUNGSZEIT
2 ¾ Stunden

Holger Zurbrüggen, Starkoch aus Berlin, kocht am Kudamm in seinem seit 2006 bestehenden Gourmetrestaurant *Balthazar*. Seit 2015 gibt es ein zweites *Balthazar* – und zwar an der Spree, im Nikolaiviertel, Mitte(ndrin). Zurbrüggen kocht klassisch, er liebt jedoch die mediterran-asiatischen Ausflüge, die in seinen Gerichten immer wieder einen tollen Akzent setzen.

1
Die Eisbeinportionen in einen großen Topf legen. Mit reichlich Wasser begießen und die Gewürze hineinlegen. Die Zwiebeln schälen, vierteln und in den Topf geben. Das Fleisch bei mittlerer Hitze etwa 1 ½ Stunden köcheln lassen.

2
In der Zwischenzeit für das Sauerkraut den Weißkohl putzen, halbieren und fein hobeln. Die Zwiebel schälen, halbieren und in Streifen schneiden. Das Öl in einem großen Topf erhitzen und Zwiebeln und Weißkohl darin andünsten. Mit Zucker und Salz würzen und den Essig angießen. Die Pfefferkörner und den Gewürzbeutel hineinlegen. Mit dem Wein begießen und mit so viel Wasser auffüllen, bis alles gut bedeckt ist. Den Weißkohl bei schwacher Hitze etwa 1 ½ Stunden köcheln lassen. Zuletzt mit dem Senf abschmecken und warm stellen.

3
Das Eisbeinfleisch vom Fett trennen, klein schneiden und warm stellen.

4
Für die Sauce die Zwiebel schälen und fein würfeln. Mit dem Zucker in einer Pfanne karamellisieren und mit dem Bier ablöschen. Unter ständigem Rühren mit Schmand, Salz, Pfeffer, Essig und Senf abschmecken. Den Schnittlauch einrühren und warm stellen.

5
Für das Püree die Kartoffeln schälen und in Salzwasser gar kochen. Kurz ausdampfen lassen, stampfen und durch ein Sieb streichen. Mit Eigelb, Butter und Sahne verrühren und mit Salz abschmecken.

6
Den Backofen auf 200 °C mit Grillstufe vorheizen. Die vorbereiteten Zutaten portionsweise in hitzebeständige Ringe schichten: zuerst Sauerkraut, dann Fleisch und zuletzt das Püree mithilfe eines Spritzbeutels aufspritzen. Im heißen Ofen etwa 4 Minuten gratinieren.

7
Zum Servieren jeden Ring auf einen Teller geben, den Ring entfernen und das Eisbeingratin rundherum mit der Sauce beträufeln.

LEBER MIT ÄPFELN UND ZWIEBELN

ZUTATEN FÜR 4 PERSONEN
- 4 Scheiben Schweine- oder Kalbsleber (à etwa 150 g)
- frisch gemahlener Pfeffer
- 2 EL Mehl
- 2 große Zwiebeln
- 2 Äpfel (z. B. Boskop)
- 2 EL Pflanzenöl
- 3 EL Butter
- 8 dünne Frühstücksspeckscheiben
- Salz

ZUBEREITUNGSZEIT
30 Minuten

Schwein ist günstiger als Kalb, jedoch schmeckt Kalbsleber besser als Schweineleber. Letztendlich bleibt es jedem selbst überlassen, wofür er sich entscheidet.

DAZU PASST
… aber bitte mit Kartoffelpüree.

1
Die Leberscheiben unter fließendem kaltem Wasser waschen und mit Küchenpapier trocken tupfen. Mit Pfeffer würzen und in dem Mehl wenden; überschüssiges Mehl dabei abklopfen.

2
Die Zwiebeln schälen und in hauchdünne Ringe schneiden. Die Äpfel schälen, mit einem Rundausstecher von den Kerngehäusen befreien und in Scheiben schneiden.

3
In einer Pfanne 1 EL Öl und 1 EL Butter erhitzen und die Zwiebelringe darin glasig anschwitzen. Parallel dazu in einer heißen Pfanne die Speckscheiben knusprig braten und anschließend auf Küchenpapier abtropfen lassen.

4
In der Speckpfanne das restliche Öl und 1 EL Butter erhitzen und die Leberscheiben darin von jeder Seite etwa 3 Minuten anbraten. Herausnehmen, auf einen Teller legen und kurz nachziehen lassen.

5
Die gedünsteten Zwiebeln aus der Pfanne nehmen, die restliche Butter hineingeben und die Apfelscheiben darin von beiden Seiten anbraten.

6
Die Leberscheiben leicht salzen und auf vorgewärmte Teller verteilen. Mit den Zwiebeln belegen und je 2 Speckscheiben daraufgeben. Die Apfelscheiben darauf anrichten.

RINDERROULADEN
»FUTTERN WIE BEI MUTTERN«

ZUTATEN FÜR 4 PERSONEN

- 4 Scheiben Rinder-
rouladen (aus der Ober-
schale; à etwa 180 g)
- Salz
- frisch gemahlener
Pfeffer
- 1 EL mittelscharfer Senf
- 4 dünne Scheiben Räu-
cherspeck
- 1 große Zwiebel
- 1 große Gewürzgurke
- ½ Bund Suppengemüse
(Möhre, Sellerie, Lauch)
- 1 Tomate
- 2 EL Pflanzenöl
- 125 ml Rotwein
- 250 ml Rinderbrühe
- 2 Lorbeerblätter
- 3–4 Pfefferkörner
- 100 g Sahne (nach
Belieben)

Außerdem
- 4 Rouladen-Nadeln

ZUBEREITUNGSZEIT
1 Stunde 40 Minuten

Hausmannsküche ist Wohlfühlküche, und da gehören Rouladen einfach dazu. Nicht nur am Sonntag ein Gedicht …

DAZU PASST
Dazu gemischtes Gemüse und Kartoffelpüree servieren.

1
Die Fleischscheiben mit einem Plattiereisen oder der Unterseite eines Topfes plattieren, auf jeder Seite mit Salz und Pfeffer würzen und auf der Arbeitsfläche auslegen. Mit dem Senf bestreichen und mit je 1 Räucherspeckscheibe belegen.

2
Die Zwiebel schälen, halbieren und in feine Streifen schneiden. Die Gewürzgurke in längliche Streifen schneiden. Die Hälfte der Zwiebeln mit den Gurkenstreifen auf den Fleischscheiben verteilen, diese aufrollen und mit den Nadeln feststecken.

3
Das Suppengemüse putzen, waschen, schälen und in grobe Würfel schneiden. Die Tomate waschen und vierteln. Das Öl in einem breiten Topf erhitzen und die Rouladen darin rundum anbraten. Zwiebelstreifen, Suppengemüse und Tomatenviertel hineingeben und mitbraten.

4
Den Topfinhalt mit dem Wein ablöschen und mit der Brühe aufgießen. Lorbeerblätter und Pfefferkörner hinzufügen. Den Topf mit einem Deckel verschließen und die Rinderrouladen bei mittlerer Hitze etwa 1 ¼ Stunden garen. Dabei die Rouladen wenden und, falls mehr Flüssigkeit benötigt wird, etwas Wasser zugießen.

5
Die fertig gegarten Rouladen aus dem Topf nehmen, auf einen Teller legen und mit Alufolie abdecken. Die Sauce mit einem Stabmixer pürieren, nach Belieben durch ein Sieb streichen und aufkochen.

6
Die Sauce nach Belieben mit der Sahne verfeinern und dann abschmecken. Den entstandenen Bratensaft der Rouladen von dem Teller in die Sauce rühren. Die Rouladen mit der Sauce auf vorgewärmte Teller verteilen.

GEBRATENE GANS – AUCH »TO GO«

Früher fand auf dem Dönhoffplatz jeden Freitag der Gänsemarkt statt. Dort kaufte man nicht nur die Gans für den Sonntag, sondern auch gleich die Daunen für das Federbett. Heutzutage werden die frischen Gänse vorbestellt oder gleich fertig gebraten – und von Sternerestaurants als »To-go-Gans« geliefert.

1

Die Gans unter fließendem kaltem Wasser waschen, dabei den Bauchinnenraum vom Gänsefett (Flomen) befreien und ebenfalls gründlich waschen. Mit Küchenpapier trocken tupfen und innen und außen salzen und pfeffern. Den Backofen auf 180 °C vorheizen.

2

Den Beifuß waschen und trocken tupfen. Die Äpfel waschen, nicht schälen, mit einem Rundausstecher vom Kerngehäuse befreien und in Viertel schneiden. Mit dem Beifuß in den Bauchraum geben. Die Gans mit Küchengarn zunähen und dabei die Keulen zusammenbinden.

3

Die Gans mit der Brust nach oben in einen Bräter setzen und seitlich etwa 200 ml Wasser angießen. Den Bräter auf unterster Schiene in den heißen Backofen schieben und die Gans etwa 2 ½ Stunden braten.

4

Nach etwa der Hälfte der Bratzeit die Gans seitlich unterhalb der Keulen mit einer Nadel einstechen, damit das Fett austreten kann.

Die Zwiebeln schälen, halbieren, in Streifen schneiden und an den Seiten im Bräter verteilen. Zusätzlich an der Seite etwa 500 ml kaltes Wasser zugießen.

5

Die Temperatur auf 200 °C mit Grillstufe erhöhen, damit die Gans in etwa 20 Minuten schön gebräunt wird. Die fertige Gans aus dem Bräter nehmen und im ausgeschalteten Backofen auf Alufolie platzieren.

6

Den Bräter auf den Herd stellen, 500 ml heißes Wasser zugießen und den Bratenfond aufkochen. Durch ein feines Sieb passieren und erneut aufkochen. Die Speisestärke mit 3 EL kaltem Wasser glatt rühren und die Sauce damit binden. Dann abschmecken.

7

Das Küchengarn entfernen und die Gans halbieren. Dabei die Äpfel auf einer vorgewärmten Servierplatte verteilen. Keulen und Flügel von den Gänsehälften abtrennen. Die Hälften in kleinere Portionsstücke schneiden und alles auf der Platte anrichten. Die Sauce separat dazu reichen.

ZUTATEN FÜR 4–6 PERSONEN
- 1 küchenfertige Gans (etwa 4 kg; meist aus Polen oder Pommern)
- Salz
- frisch gemahlener Pfeffer
- 1 Sträußchen Beifuß
- 5 säuerliche Bio-Äpfel (am besten Boskop)
- 2 Zwiebeln
- 1 EL Speisestärke

Außerdem
- Küchengarn

ZUBEREITUNGSZEIT
3 ¼ Stunden

BOLLENFLEISCH MIT »SAURA JURKE«

ZUTATEN FÜR 4 PERSONEN
- 1 kg Zwiebeln
- 3–4 Knoblauchzehen
- 1 kg Lammfleisch
  (aus der Keule)
- 4–6 EL Pflanzenöl
- Salz
- frisch gemahlener
  Pfeffer
- 500 ml Fleischbrühe
  (am besten Lammfond)
- ½ TL Kümmelsamen
- je 1 kräftige Prise
  Rosenpaprika- und
  edelsüßes Paprika-
  pulver (nach Belieben)
- 2 Lorbeerblätter
- 4 Gewürzgurken (nach
  Belieben)

ZUBEREITUNGSZEIT
1 ¾ Stunden

Zwiebeln heißen in Berlin »Bollen«. Dieses Gericht ist ein Schmorgericht; ursprünglich mit Lammfleisch gekocht, wird es manchmal auch mit Schweinefleisch zubereitet. Es ist dem Gulasch ähnlich, da die Bindung des Gerichts über die Zwiebeln erfolgt, allerdings ohne Paprika.

Und es gab auch noch Carl Bolle, der 1879 in Berlin eine Meierei gründete, in der er ebenfalls »Bollen« verkaufte. Wenn der Berliner heutzutage sagt, er gehe noch schnell zu Bolle, dann geht er Lebensmittel holen – wahrscheinlich in einem kleinen Laden um die Ecke.

SAURE-GURKEN-ZEIT

Im Sommer wurden frische Gurken für den Winter eingemacht, wenn fast kein Gemüse und Salat zur Verfügung standen. In der kalten Jahreszeit war man über die Vorratshaltung froh. Der Begriff »Saure-Gurken-Zeit« signalisierte quasi den Mangel an Frischware.

1
Zwiebeln und Knoblauch schälen, halbieren und in Streifen schneiden. Das Lammfleisch in etwa gulaschgroße Stücke schneiden und eventuell vorhandene Sehnen entfernen.

2
Etwas Öl in einem breiten Topf erhitzen und die Fleischstücke darin in einigen Minuten rundum braten. Mit Salz und Pfeffer würzen. Herausnehmen und auf einem Teller beiseitestellen.

3
Zwiebel- und Knoblauchstreifen mit etwas Öl in den Bratensatz geben und unter Rühren etwa 10 Minuten andünsten. Dabei mit etwas Brühe beträufeln und am Ende den Rest angießen. Mit Salz, Pfeffer, Kümmel und Paprikapulver würzen.

4
Die Fleischstücke mit dem ausgetretenen Bratensaft und den Lorbeerblättern zu den Zwiebeln geben. Den Topf mit einem Deckel verschließen. Fleisch und Zwiebeln bei mittlerer Hitze mindestens 1 Stunde schmoren (je nach Qualität des Fleisches).

5
Das Bollenfleisch abschmecken und die Lorbeerblätter entfernen. Die Zwiebeln sollen verkocht sein, sodass die Sauce sämig ist. Nach Belieben mit den Gewürzgurken servieren.

SOLJANKA

»Sol« ist das russische Wort für Salz, denn eine Soljanka muss eine gewisse Salzigkeit besitzen. Allerdings hieß die »Soljanka« früher »Seljanka«. »Sel« ist das russische Wort für *Dorf* und meint, dass jedes Dorf sein eigenes Hausrezept hatte. Von Wurst- und Schinkenstücken über verschiedene Fleischsorten bis hin zu Gemüse kann alles drin sein. Was ihn in Russland so beliebt macht? Dass dieser Eintopf mit Wodka abgeschmeckt wird. Auch in der DDR war Soljanka fester Bestandteil auf dem Speiseplan.

ZUTATEN FÜR 4 PERSONEN
- 500 g Tafelspitz oder mageres Suppenfleisch
- ½ Bund Suppengemüse (Möhre, Sellerie, Lauch)
- Salz
- 2 Lorbeerblätter
- ½ Bund Petersilie
- 200 g Champignons
- 2 Gewürzgurken
- 100 g Räucherspeck
- 1 große Zwiebel
- 1 EL Butter
- 1 EL Tomatenmark
- ½ EL Mehl
- frisch gemahlener Pfeffer
- 1 EL eingelegte Kapern
- 200 g saure Sahne

ZUBEREITUNGSZEIT
2 ¼ Stunden

1

Den Tafelspitz waschen, in einen Topf legen und mit etwa 2,5 l kaltem Wasser aufgießen. Das Suppengemüse putzen, waschen, schälen und in grobe Würfel schneiden. Mit 1 Prise Salz und Lorbeerblättern zum Fleisch geben. Nach dem Aufkochen bei mittlerer Hitze etwa 1 ½ Stunden gar ziehen lassen.

2

In der Zwischenzeit die Petersilie waschen, trocken tupfen, die Blättchen abzupfen und fein hacken. Die Champignons putzen und vierteln. Gewürzgurken und Räucherspeck würfeln. Die Zwiebel schälen und fein würfeln.

3

Das Fleisch aus der Brühe nehmen und in kaltes Wasser legen. Die Brühe durch ein Sieb passieren und beiseitestellen.

4

Den Speck in einem Topf auslassen. Die Butter hinzufügen und darin Zwiebel und Champignons andünsten. Das Ganze 2 Minuten anrösten, dann das Tomatenmark einrühren und das Mehl darüberstäuben. Kurz weiterrühren und alles mit der Brühe aufgießen. Die Suppe mit Salz und Pfeffer würzen und bei mittlerer Hitze etwa 15 Minuten köcheln lassen.

5

Das Fleisch aus dem Wasser nehmen und in Streifen schneiden. Mit Gurken, Kapern und Petersilie in die Suppe rühren. Abschmecken und auf vorgewärmte Teller verteilen. Mit der sauren Sahne garnieren.

RESTAURANTTIPPS

BALTHAZAR SPREEUFER 2

Außer im *Balthazar* direkt am Wasser im historischen Nikolaiviertel serviert Holger Zurbrüggen seine aromastarke Küche auch noch in seinem Kudamm-Restaurant.
Spreeufer 2
10178 Berlin
www.balthazar-spreeufer.de

CA.B.SLAM – THE CALIFORNIA BREAKFAST SLAM

Hier geht es schon zum Frühstück mit Sandwiches, Eiern, Burritos und Pancakes üppig zur Sache. Auch Lunch und am Wochenende Dinner.
Innstraße 47
12045 Berlin
www.cabslam.com

CORDOBAR

Berlins angesagteste Weinbar schenkt nicht nur erstklassige Tropfen mit Schwerpunkt Deutschland und Österreich aus, sondern Küchenchef Lukas Mraz hat auch den Imbiss zum Wein revolutioniert.
Große Hamburger Straße 32
10115 Berlin
www.cordobar.net

DAS RESTAURANT

Markus Semmler gehört zu den Besternten und Etablierten in der Berliner Gastroszene, kocht sehr aromenstark, handwerklich perfekt und schafft es immer wieder, regionale Gerichte und Produkte in seine Menüs einzubauen.
Sächsische Straße 7
10707 Berlin
www.semmler-restaurant.de

DJIMALAYA

In der urbanen Location kommen beste israelische Hummus-Gerichte auf die Holztische.
Invalidenstraße 159
10115 Berlin
www.djimalaya.de

DUKE

»Casual fine dining« mit hochwertigen regionalen Produkten präsentiert Küchenchef Florian Glauert im Restaurant des Ellington Hotels.
Nürnberger Straße 50–55
10789 Berlin
www.restautant-duke.com

EINSUNTERNULL

Die Küche orientiert sich an dem, was die Natur gerade so hergibt – und das auf höchstem Niveau.
Hannoversche Straße 1
10115 Berlin
www.einsunternull.com

FRÄULEIN KIMCHI KOCHT!

Fräulein Kimchi, die mit ihrem »Seoul-Fusion-Food – part Korean, part American, part German« über die Streetfood-Märkte zog, war eine der ersten Foodies, die auch ein Restaurant eröffnete.
Kollwitzstraße 46
10405 Berlin
www.fraeuleinkimchi.com

HIRSCH & EBER

In dem szenigen Wild-Grill gibt es den Burger einmal anders: mit Wildfleisch aus heimischen Wäldern.
Kollwitzstraße 87
10435 Berlin
www.hirschundeber.com

HOT SPOT

Ungewöhnlicher, glutamatfreier Chinese mit einer Vorliebe für exzellente deutsche Rieslinge.
Eisenzahnstraße 66
10709 Berlin
www.restaurant-hotspot.de

KONDITOREI BUCHWALD

Die traditionsreiche Konditorei mit klassischer Kaffeehauseinrichtung und den legendären Baumkuchenspezialitäten gibt es bereits seit über 100 Jahren.

Bartningallee 29
10557 Berlin
www.konditorei-buchwald.de

LA CANTINE D'AUGUSTA

Sébastien Gorius hat seine charmante und unprätentiöse Weinbar mit Feinkostladen nach seiner Großmutter benannt.

Langenscheidtstraße 6A
10827 Berlin
www.lacantinedaugusta.com

MARKTHALLE NEUN

Di., Fr. und Sa. Markt. Jeden Donnerstag »Street Food Thursday« (17–22 Uhr) sowie zahlreiche Veranstaltungen rund um Genuss wie »Breakfast Market«, »Naschmarkt« oder »Cheese Berlin«.

Eisenbahnstraße 42/43
10997 Berlin
www.markthalleneun.de

MARTHA'S RESTAURANT & BAR

Schlichtes, geradliniges Design, lässige Atmosphäre und mit Manuel Schmuck ein Küchenchef, der zu den kreativsten in Berlin gehört.

Grunewaldstraße 81
10823 Berlin
www.marthas.berlin

NOBELHART & SCHMUTZIG

»Brutal lokal« nennen Inhaber und Sommelier Billy Wagner und Küchenchef Micha Schäfer ihr Konzept und wurden jüngst dafür mit einem Michelinstern ausgezeichnet.

Friedrichstraße 218
10969 Berlin
www.nobelhartundschmutzig.com

RESTAURANT AM STEINPLATZ

Nicht nur Marcus Zimmers Interpretation der Schweinshaxe zeigt, wie fein modern interpretierte Berliner Küche sein kann.

Steinplatz 4
10623 Berlin
www.hotelsteinplatz.com

RESTAURANT VOLT

Auf die feine Berliner Art. Matthias Gleiß gilt als Mitbegründer der zeitgemäßen Hauptstadtküche.

Paul-Linke-Ufer 21
10999 Berlin
www.restaurant-volt.de

ROSA LISBERT

Die besten Flammkuchen außerhalb des Elsass – auch ungewöhnliche Kreationen wie Zwiebel, Aal & Foie gras – kommen hier inmitten der atmosphärischen Markthalle aus dem Holzofen des Rosa Lisbert.

Arminiushalle Moabit
Arminiusstraße 2–4
10551 Berlin
www.rosalisbert.de

SCHWILIKO RESTAURANT

In dem kleinen, gemütlichen Restaurant kommt traditionelle georgische Küche auf die Tische.

Schlesische Straße 29
10997 Berlin
www.schwiliko-berlin.de

THE BOWL

Der Vorreiter des »Clean eating« an der Spree setzt ganz auf eine vegane Küche frei von Transfetten, künstlichen Zusatzstoffen und weißem Zucker.

Warschauer Straße 33
10243 Berlin
www.thebowl-berlin.com

TRATTORIA A' MUNTAGNOLA

Koch und Inhaber Pino Bianco brachte vor einem Vierteljahrhundert die Küche der Basilikata nach Berlin.

Fuggerstraße 27
10777 Berlin
www.muntagnola.de

REGISTER

Die Foodjournalistin und Gastrokritikerin MANUELA BLISSE liebt ihre Geburtsstadt Berlin, in der sie lebt und arbeitet. Und von der sie mehrmals im Jahr auf kulinarische Reisen in die ganze Welt aufbricht.

ROSE MARIE DONHAUSER arbeitet seit 1988 als Food- und Reisejournalistin, Restauranttesterin und Kochbuchautorin. Die gelernte Köchin ist auf ihren Reisen dem Genuss weltweit auf der Spur und lebt in Berlin. Mit diesem Kochbuch konnte sie ihrer Wahlstadt endlich eine Liebeserklärung machen.

Der gebürtige Dortmunder UWE LEHMANN hat entdeckt, dass die Currywurst in Berlin auch schmeckt. So ist er seit Langem Wahlberliner mit privatem und beruflichem Faible für gutes Essen, Wein und Bier, regional wie international von der Imbissbude bis zum Sternerestaurant.

DIE STÄDTE-KÜCHE
BEI DK

Susanne Zimmel
Wiener Küche:
Wirtshausgulasch & Topfenpalatschinken
Klassiker und neue Inspirationen
ISBN 978-3-8310-2781-1
€ 24,95 [D] / € 25,70 [A]

 Penguin Random House

© Dorling Kindersley Verlag GmbH, München, 2016; Ein Unternehmen der Penguin Random House Group Alle Rechte vorbehalten

Rezepte
Rose Marie Donhauser
Reportagetexte
Manuela Blisse, Uwe Lehmann
Fotografie
Nicola Walsh
Foodstyling
Max Faber
Lektorat
Julia Bauer, Lara Tunnat
Cover- und Innengestaltung, Typografie, Realisation
Anja Gindele, Laura Breier

Für den DK Verlag:
Programmleitung
Monika Schlitzer
Redaktionsleitung
Caren Hummel
Projektbetreuung
Sarah Weiß, Sabrina Kiefer
Herstellungsleitung
Dorothee Whittaker
Herstellung
Claudia Bürgers
Herstellungskoordination
Ksenia Lebedeva

ISBN 978-3-8310-3119-1

Repro
Farbsatz, Neuried / München
Druck und Bindung
Neografia, Slowakei

Besuchen Sie uns im Internet
www.dorlingkindersley.de

Hinweis
Die Informationen und Ratschläge in diesem Buch sind von den Autoren und vom Verlag sorgfältig erwogen und geprüft, dennoch kann eine Garantie nicht übernommen werden. Eine Haftung der Autoren bzw. des Verlags und seiner Beauftragten für Personen-, Sach- und Vermögensschäden ist ausgeschlossen.

Ofentemperatur
Soweit nicht anders angegeben, beziehen sich die Temperaturangaben für den Ofen auf Ober- und Unterhitze. Bei Umluft verringert sich die Temperatur um etwa 20 °C. Beachten Sie hierzu gegebenenfalls auch die Angaben des Herstellers.